江原啓之
傷つくあなたへ

集英社

傷つくことに

　あなたは現在、何かに傷ついていますか？
　過去に深く傷ついたことはありますか？
　傷つくのが怖くて、毎日を脅(おび)えながら生きていませんか？
　もしすべての答えが「YES」だったとしても、あなたは決して、特別に弱い人間だというわけではありません。いまのような世の中では、誰がいつ傷ついてもおかしくないのです。
　家族や友だち、恋人との個人的な関係に傷つくこともあれば、学校や職場といった集団のなかで傷つくこともあるでしょう。
　インターネットで面識のない人に傷つけられることもあれば、社会そのものの矛盾(むじゅん)に傷つくこともあるでしょう。

脅えるあなたへ

　そういうことが日常化していても不思議はないのが、悲しいことにいまの日本であり、日本人の心の状態なのです。
　日本人は、物質的な豊かさを手に入れた代わりに、かつて持っていたすばらしい精神性を失ってしまいました。物質主義的価値観に踊らされ、しっかりと拠って立つべき心の軸を失ったのです。そしていまや、正しいことは正しい、間違いは間違いという当たり前のことさえ通用しにくいほど、人々や社会の価値観がぐらぐらに揺らいでいます。
　そのような時代だからこそ、あなたはほんとうの幸せを求めてやまないのかもしれません。自分が受けた心の傷から何かを学びとろうと、本書を開いたのかもしれません。

contents

傷つくことに脅えるあなたへ……2

第1章　傷つくあなたへ30のメッセージ……7

1
幸せな人は意地悪をしません。意地悪をするのは、その人が不幸だからです。……8

2
あなたを傷つける人は、自分でももがき苦しんでいます。
あなたはそのストレスのはけ口になってしまっただけなのです。……12

3
誰も見ていないからいい。正体がばれないからいい。
そういう思いは、「カルマの法則」には通用しません。……16

4
あなたが思うほど、まわりはあなたに関心を持っていません。……20

5
あなたを非難する人たちは、あなたという「鏡」に映った自分自身を憎んでいるのです。……24

6
他人の幸せを妬み、他人の才能を嫉む。悲しいかな、それが人間の本性なのです。……28

7
あなたを傷つけた言葉を、文字どおりに受けとめなくていいのです。……32

8
何かを言われて傷つく前に、よく考えてみてください。
相手はいったい、どれだけあなたを知っているのでしょう。……36

9
姿は大人でも、子どもとして想像してみる。すると相手の心理が読めてくるかもしれません。……40

10
インターネットに、匿名で他人の悪口を書く姑息な人たち。
彼らの言葉を真に受けるのは、まったく無意味です。……44

11
インターネットに書かれた他人の悪口を読んで喜ぶ人たちも、書いた人と「同じ穴の狢」です。……48

12
仕返しはいけません。何をされても毅然としていること。「戦わない強さ」を持つのです。……52

13
大勢の人にいじめられても、その「数」に脅えてはいけません。
大多数は、無責任に便乗して楽しんでいるだけだからです。……56

14
誤解を解くには、直筆の手紙をしたためて送り、「とき」を待ちましょう。
解けない誤解などありません。……60

15
無視されても、朗らかに笑っていましょう。明るいオーラはどんな邪気をもはね返します。……64

16
暴力は、どんな理由があるにせよ、決して許されない行為です。……68

17
拙くてもかまいません。あなたが素直な自分を表現すれば、あたたかい絆はきっと築けます。……72

18
ささいな失敗にめげて傷つく心理には、実は「甘え」がありませんか？
泣くのがいやなら、自分で立ち上がるしかありません。……76

19
いじめに遭うという苦しい経験も、ある意味「人間力」を高めるひとつのチャンス。
そう受けとめられるあなたは、間違いなく「幸せ」をつかむ人です。……80

20
人生も生け花と同様、「真・副・控」の見きわめが大切です。
いまのあなたにとって、「真」は何ですか？……84

21
人は人との関係のなかでしか磨かれません。
あなたのたましいは「傷ついた」のではなく、ピカピカに「磨かれた」のです。……88

22
孤独を怖れてはいけません。勇気ある決別も、ときには必要です。……92

23
「どんなにいやなことがあっても、自分にはこれがある」。
そう胸を張って言える世界を、あなたは持っていますか?……96

24
あなたが傷つくのは「小我」で生きているからです。
その苦しさから脱する道は、「大我」以外にありません。……100

25
傷つくことを避けて小さく生きていれば、喜びも楽しみもちょっぴりしか得られません。……104

26
人生には休養も必要です。とはいえ、怠惰にだけはならないこと。
自分をあきらめてはいけません。……108

27
人生の主人公は自分自身。いい意味での「自分主義」で生きましょう。……112

28
過去に誰かを傷つけたことを悔いているなら、心から相手に謝罪しましょう。
いまからでも決して遅くはありません。……116

29
傷つくというのは、実は「傲慢」なことともいえるのです。
「小さき者」としての謙虚さがあれば、傷つくことはありません。……120

30
傷ついたあなたは幸いです。なぜならその分、早く「目覚める」チャンスを得たからです。……124

第2章　傷つけ合う社会に終止符を……129

傷ついたあなただからできること……158

第1章
傷つくあなたへ30のメッセージ

幸せな人は意地悪をしません。1

意地悪をするのは、その人が不幸だからです。

幸せな人は意地悪をしません。
意地悪をするのは、
その人が不幸だからです。

　　　誰かに意地悪をされた経験が、一度もない人。
　　　人に意地悪したことが、一度もない人。
　　　どちらとも、おそらくほとんどいないでしょう。
　　　人はなぜ意地悪をするのでしょうか。一見やさしそうな人や、立派な地位にある人でも、低俗(てぃぞく)な意地悪をしてしまう。それはなぜでしょう。
　　　その人が、いま、幸せではないからです。
　　　幸せな人は決して意地悪をしません。幸せな人から出てくるのは、愛に満ちた言葉や、やさしさだけです。
　　　意地悪をするのは、不幸な人なのです。または現在、不幸な心の状態にある人なのです。
　　　この場合の不幸というのは、ほんとうの愛を知らない、または求めても得られない、心寂しい状態のことです。
　　　感謝に乏(とぼ)しい心も不幸です。たとえお金や地位、才能や美貌(びぼう)に恵まれていても、感謝の心を持てなければ、人間としてはやはり不幸なのです。
　　　逆に、病気や貧困といった大変な経験をしていても、愛と感謝を心にいっぱい持っている人は幸せです。
　　　要は、心が満たされているかどうかなのです。

あなたにも、幸せなときと不幸なときがあるでしょう。

想像してみてください。あなたが「ああ、なんて幸せなんだろう」という気分の日、人に皮肉を言いたくなるでしょうか。人の不幸を笑いたくなるでしょうか。人の失敗をしつこく責めたくなるでしょうか。

あなたが家族に八つ当たりしてしまった日や、つまらないことで人とけんかしてしまった日を思い出してみてください。そんなとき、あなたはそうなる前からむしゃくしゃした気分だったのではないでしょうか。

あなたも不幸なときは心が荒むのです。

人間は「愛の電池」のようなもの。愛だけが、生きるエネルギーになります。<u>愛に満たされていれば、やさしく穏やかな心でいられ、人の心も思いやれます。</u>

ところが「愛の電池」が足りなくなってくると、心がぎくしゃくとし、電池の切れかかったロボットのように、あらぬ誤作動を起こし始めます。人に対する意地悪や、犯罪といった負の行動にも走りやすくなります。

どんないじめも犯罪も、突発的な不満や衝動からは起きません。その人の心の底に、満たされない寂しさ、愛情ほしさがもともとあるのです。

人に意地悪されたとき、あるいは自分が意地悪してしまったときは、このことを思い出してください。

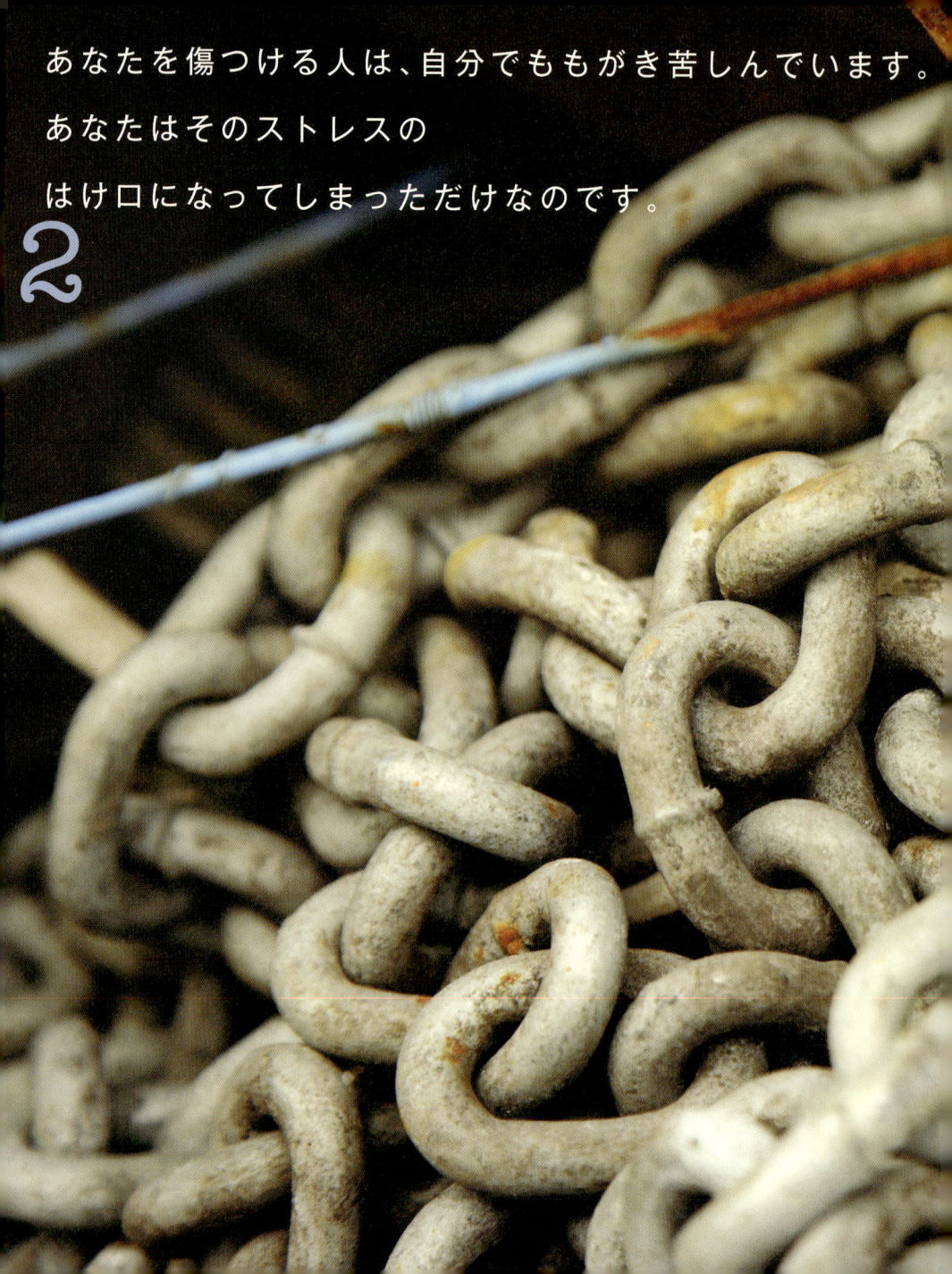

あなたを傷つける人は、自分でももがき苦しんでいます。
あなたはそのストレスの
はけ口になってしまっただけなのです。

2

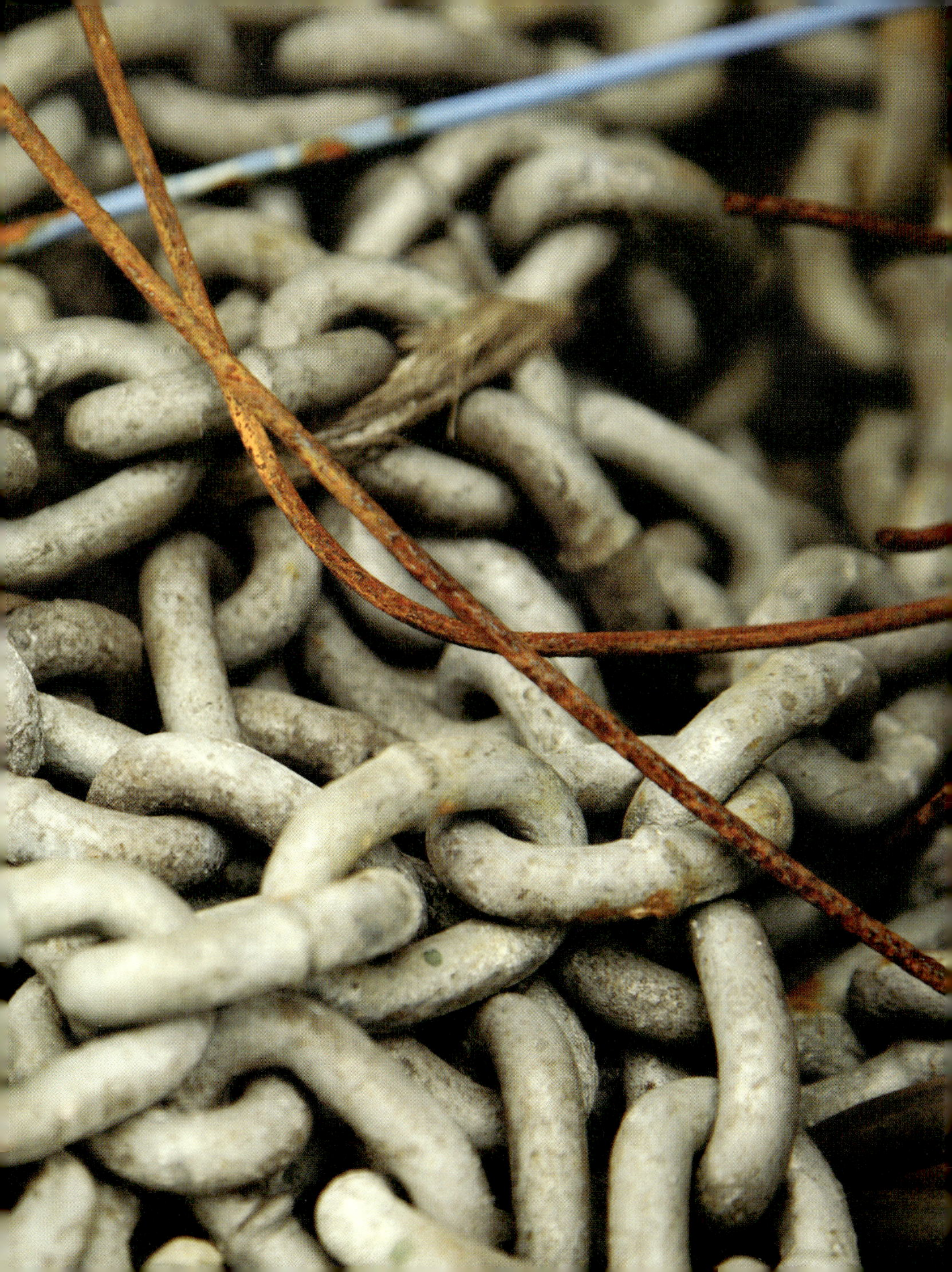

あなたを傷つける人は、
自分でももがき苦しんでいます。
あなたはそのストレスのはけ口に
なってしまっただけなのです。

　　意地悪をする人というのは、そうすることで満足して生きているのでしょうか。
　　いいえ、違います。得体の知れないストレスに、絶えず悶々ともがき苦しんでいるのです。そのストレスは、つまらない意地悪をしたところで、ちっとも晴れません。
　　ストレスの原因が明らかならまだいいのです。その原因に的を絞って対処すればいいわけですから。
　　しかし往々にして**現代人が抱えるストレスは、自分でもなぜだかわからない、でもとにかくむしゃくしゃするといった厄介なもの**です。
　　本人にはわからない「むしゃくしゃ」の原因。それは、現代の生活そのものにあると私は考えます。
　　戦後の日本人は、便利であること、ラクであること、効率的であることをひたすら求め、いまある「快適」な生活を手に入れました。調理も洗濯もボタンひとつ。夜遅くまで電車やバスが走っている。インターネットで、家にいながらにして世界じゅうの情報が手に入る。
　　私たちはその便利を、自由とゆとりを得るために求めたはずです。しかし実際はどうでしょう。自由ともゆと

りとも縁遠い、むしろ昔よりはるかに忙しい、殺伐とした毎日を送ってはいないでしょうか。

　ものを求める心には際限がありません。ひとつ得ればもうひとつほしい。新しい製品が出れば、そちらが輝いて見える。できればまわりの人よりもワンランク上のものがほしい。「これで満足」ということがないのです。

　それでもほしいものを買い続けるため、人は忙しく働くことをやめません。企業も消費者の「ニーズ」に応え続けます。そのためにみんなが「忙しい、忙しい」と駆けまわっているのがいまの世の中ではないでしょうか。目の前のことに忙殺されて、大事な家庭や健康まで壊す人もいます。いったい何のための人生でしょうか。

　知らず知らずのうちに、自然とかけ離れた生活をしている私たち。しかし人間もやはり動物です。見えないストレスを抱えた苦しさを、アレルギーや心の病として表している人の、いま何と多いことでしょう。

　そして、**弱いものいじめや、他人の不幸を喜ぶといったかたちで、やり場のないストレスを発散させている**。社会全体がそうだと言えるかもしれません。

　いかなる理由があっても、いじめは許されることではありませんが、いまのいじめのほとんどはストレスのはけ口。理由らしい理由がないことも、驚くほど多いのです。

第1章　傷つくあなたへ30のメッセージ

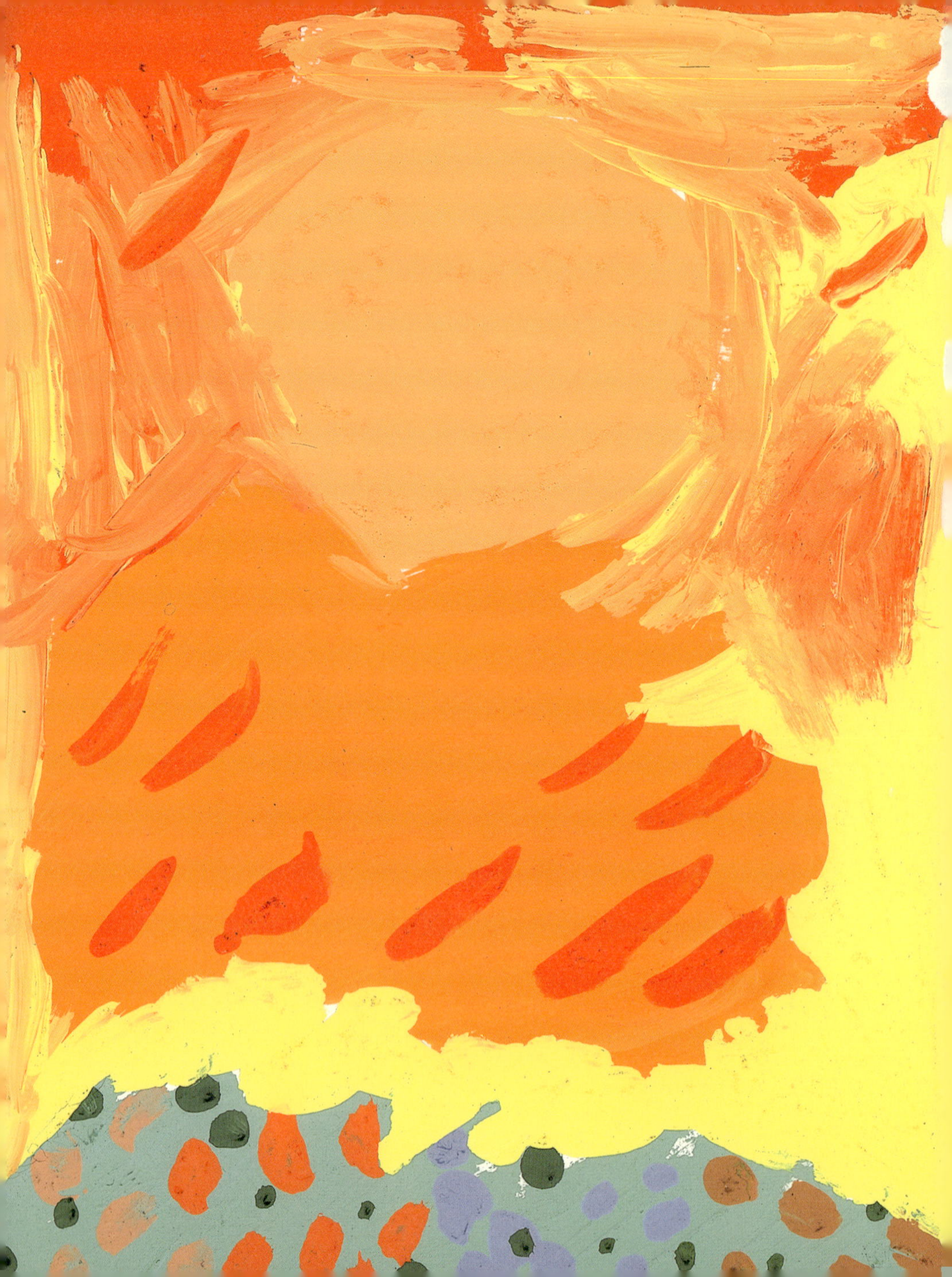

3

誰も見ていないからいい。正体がばれないからいい。

そういう思いは、「カルマの法則」には通用しません。

誰も見ていないからいい。
正体がばれないからいい。
そういう思いは、
「カルマの法則」には通用しません。

　「いい子」が陰でいじめをしているというのは、現代ではまったく珍しいことではありません。ニュースをにぎわす少年犯罪の犯人も、近所や学校などでは明朗快活、成績も優秀な、評判の子だったりします。
　「いい子」になぜ悪いことができるのか。それは「誰も見ていないからいい」、「正体がばれないからいい」という思いがあるためです。
　これはもちろん子どもだけの問題ではありません。そもそも大人が「見られていないからいい」という考えだから、子どもたちが真似するのです。地位も名誉もある人物の汚職事件、大会社の偽装問題。すべて「見られていないからいい」という心の産物です。
　ひと昔前の日本人は「悪いことをするとバチが当たるよ」、「誰も見ていなくてもお天道様が見ているよ」と、子どもたちに教えたものでした。幼い心に「目に見えないものへの敬い」や、良心といった、人として持つべき大事な感性を育むためです。
　しかしこうした感性は、戦後の物質主義的価値観の広まりのなかで、日本人の心からほとんど消えてしまいま

した。私が霊的真理を伝えている大きな目的のひとつは、この「目に見えないものへの敬い」の復活なのです。

スピリチュアルな法則のなかでも特に大事なものに、「カルマの法則」があります。

自分がしたことは、よきことも悪しきこともいつか必ず自分に返ってくる。誰ひとり見ていなくても、うまくごまかせたと思っても、全部カルマになってしっかりとたましいに記録される。そういう法則です。

カルマはすぐに返って来ることもあれば、何十年か後に来ることもあります。ときには直接自分に返らず、家族や大切な人に返ることもあります。

私が以前出ていたテレビのレギュラー番組で、ある女性相談者がこんなことを言いました。「私は子どものころにさんざん人をいじめた。いま、わが子が学校でいじめられているのは、きっとそのカルマだと思います」。

実際そのとおりのようでした。お子さんが受けていたいじめは、もちろん本人の学びでもありますが、同時に彼女も「わが子がいじめられる」という経験を通して、いじめられることのつらさを学ばされていたのです。

カルマはどのようなかたちをとっても、必ず返ってきます。来世に持ち越されることも少なくありません。このことをぜひ忘れないでください。

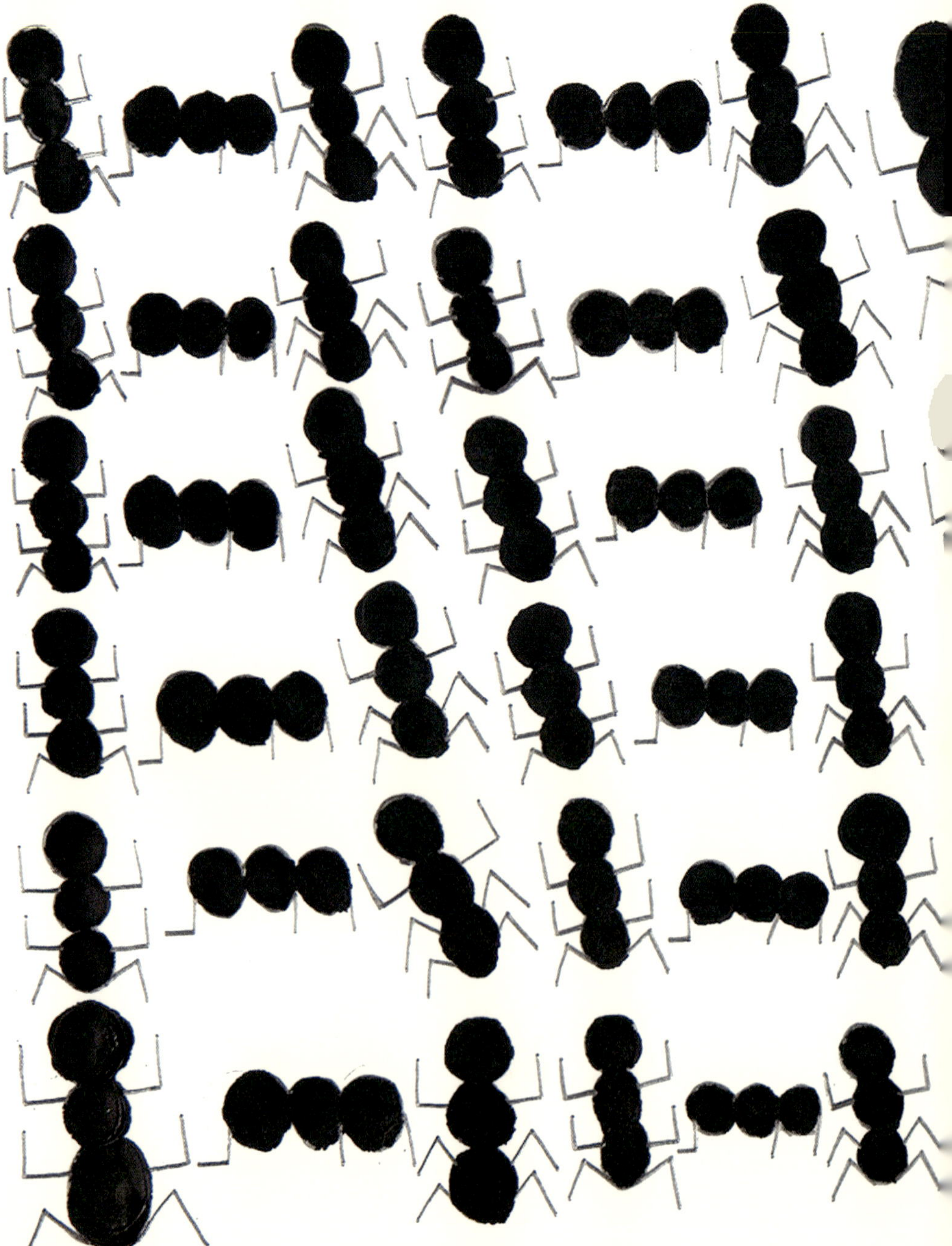

4

あなたが思うほど、まわりはあなたに関心を持っていません。

あなたが思うほど、
まわりはあなたに関心を持っていません。

　わけのわからないストレスを発散させたいための、最近のいじめや犯罪。その特徴のひとつに、「いつ誰が標的になるかわからない」ということがあります。

　昨今の通り魔事件の犯人は、決まり文句のようにこう言います。「むしゃくしゃしていた」、「誰でもよかった」。学校や職場でのいじめもこれとまったく同じです。標的は「誰でもいい」のです。

　いじめについて考えるたび、私は若い人たちからよく聞く言葉を思い出します。「いじめに遭う人はかわいそうだが、それで集団のバランスがとれているのだから、あるていどはしかたがない」といった言葉です。

　要するにいじめというものを、集団の秩序維持のための必要悪だとする考えかたです。いじめられる人の犠牲あってこそ、集団の平穏が保たれるというのです。とても切ない、嘆かわしい発想です。しかし、悲しいかなそれが昨今のいじめの本質や、若者たちの人間関係のありようを、実に的確に言い表した言葉なのかもしれません。

　ある週刊誌に出ていた、女子中学生のインタビュー記事も印象的です。ネット上で、クラス全員からある日突

然攻撃を受けたというその少女は、「なぜ私なの？」と思ったそうなのです。「なぜいじめなんてするの？」という義憤ではなく、「誰でもいいはずなのに、なぜほかの子ではなく、私なの？」という思い。これも、いじめの標的は「誰でもいい」時代をよく表しています。

そこには、とにかく自分にさえ矢が飛んでこなければいいとする保身の心も見てとれます。この少女は、もしかしたら、ほかの子がいじめられているときは「対岸の火事」で、見て見ぬふりを装うのかもしれません。こうした冷たさは、この少女だけでなく、自己保身に走りがちな現代人すべてが持つ心理ではないでしょうか。

最近の日本は「一億総ヒステリー状態」です。有名人の失言に過剰に反応して、よってたかって謝罪を求めたり、特定個人のブログに「炎上」と称する総攻撃をかけたり。政治家の世界でさえ、いじめは日常化しています。すべてにあるのは、とにかく「誰でもいい」からうっぷんを晴らしたいという、現代人の苦しみです。

あなたがいじめを受けたときも、相手にとって標的は<u>「誰でもいい」のだということを思い出してください。「自分のどこがいけなかったのか」という分析は必要ですが、相手にはそれほど深い意図がないことが、とても多いのです</u>。

あなたを非難する人たちは、
あなたという「鏡」に映った自分自身を憎んでいるのです。

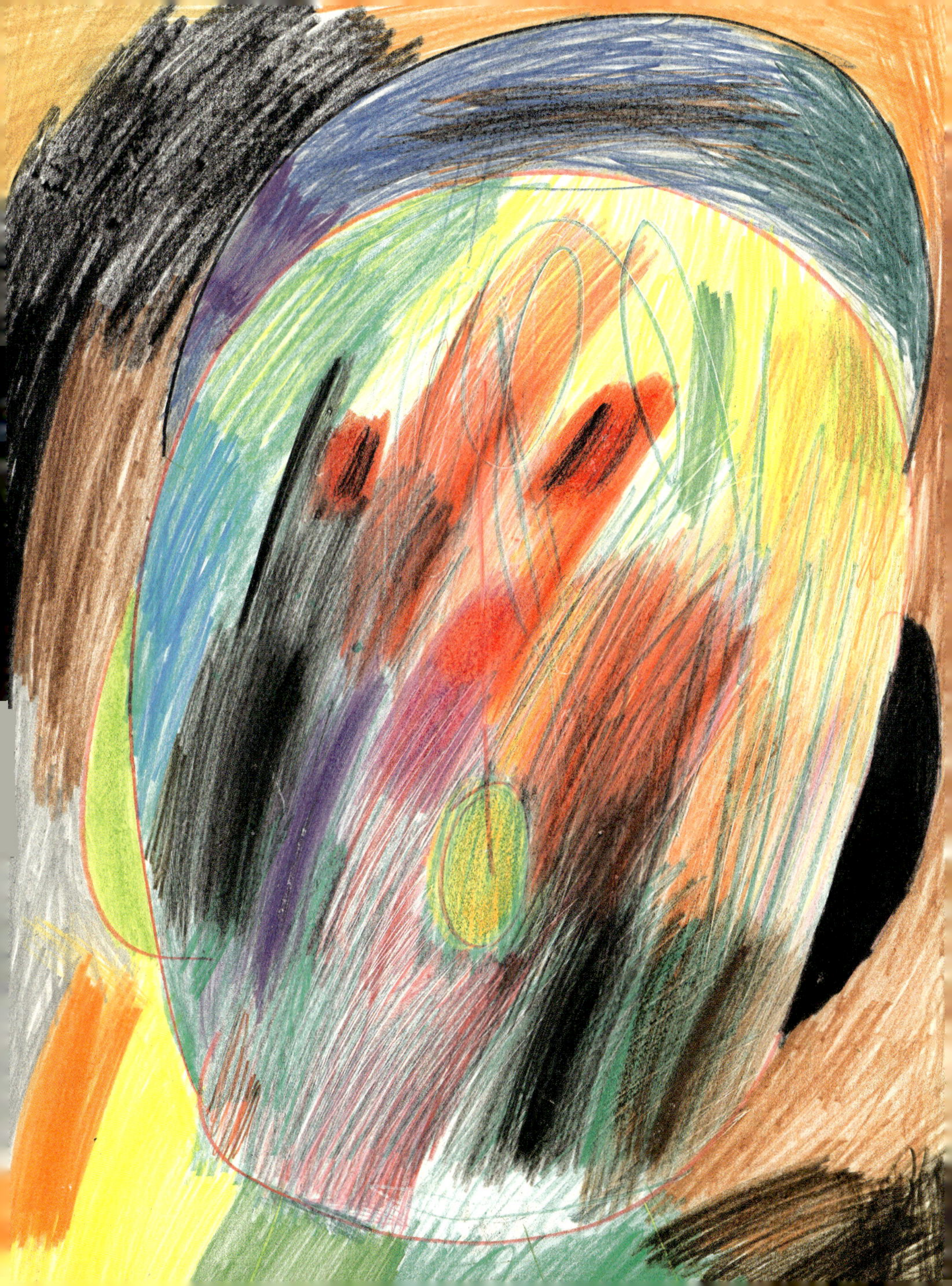

あなたを非難する人たちは、
あなたという「鏡」に映った自分自身を
憎んでいるのです。

　妊娠した女性は、しばしばこう言います。「いままでは、こんなに多くの妊婦さんが街を歩いていることに気がつかなかった」。自分が妊婦になったことで、ほかの妊婦の姿が目に飛び込むようになったと言うのです。

　同じようなことは人生によくあります。人間は、大勢の人がいるなかでも、自分と共通点を持った人をぱっと見つけて意識するものなのです。

　いい共通点にも気づきますが、よくない共通点にも気づきます。たとえば臆病な人は、他人の臆病さがすぐにわかります。貪欲な人は、他人の貪欲さに鋭く反応します。相手のちょっとした言動にもそれらを感じとり、「ああ、いやだいやだ」と嫌悪してしまうのです。

　困ったことに、このとき人は、「自分にも同じところがあるから気になるのだ」という事実になかなか気づきません。それは相手だけが持つ性質で、自分にはそんないやな性質はないと信じがちです。

　人間は、自分のコンプレックスにかかわることを他人のなかに見つけたときも、敏感に反応します。たとえば「あいつ、もうけやがって」と憤る人は、自分がもうけ

たいのです。「あの子、自分がモテると思ってさ」と陰口をたたく人は、自分がモテたいのです。しかしそんな本心にもなかなか気づきません。

　こうしたことは、人間の目が外向きについている以上、しかたのないことなのかもしれません。外側はよく見えても、**内側、つまり自分自身の心は見えないのです**。

　それでも昔の人は、人間のそういう困った性質をよく知り抜いていて、「人のふり見てわがふり直せ」といった教訓でみずからを戒めたものでした。気になる相手というのは、つねに自分自身を映し出す「鏡」であることをよくわかっていたのです。

　そもそも人は、自分のなかに全然ないものなら、他人が持っていても気づきませんし、知っても気になりません。自分と同じものを他人に見つけ、それが日ごろから無意識のうちに嫌悪しているものであるときに、抑え難いほどの反発を覚えてしまうのです。

　人を攻撃したり、批判したり、いじめたりする人には、ほとんどの場合、この心理があります。

　あなたも誰かに非難されたら、「この人は自分にもそういう面があって、すごくいやなんだな」と思って間違いありません。「あなたのここがきらい」と具体的に指摘されたら、相手は自分自身のそこがきらいなのです。

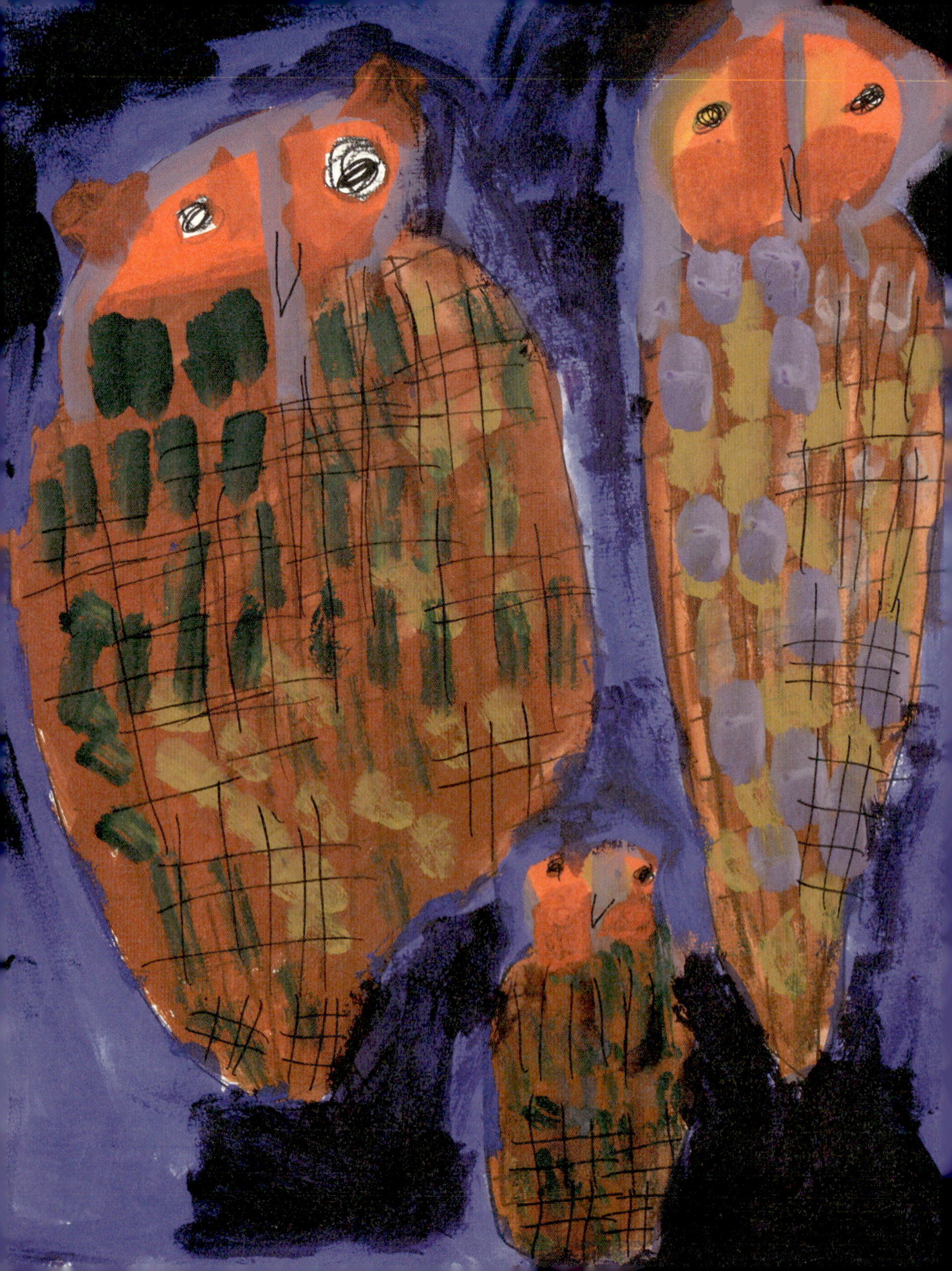

他人の幸せを妬み、他人の才能を嫉む。悲しいかな、それが人間の本性なのです。

6

他人の幸せを妬み、
他人の才能を嫉む。
悲しいかな、
それが人間の本性なのです。

　　他人に対して抱く、人間の基本的な心情。それは妬みと嫉み、つまり嫉妬です。羨ましさを通り越して、憎しみにさえ変わりそうな、どろどろとした思いです。

　いじめやいやがらせをする人の心理にも、ほとんどの場合、嫉妬心があります。あなたに意地悪する人がいるなら、あなたの何かが羨ましくてたまらないのかもしれません。相手のそうした心理を知らずに無邪気に自慢話などしていなかったか、一度ふり返ってみてください。

　それにしても、人に対する嫉妬ほど無意味なものはありません。誰かに嫉妬を覚えるときというのは、相手の表面しか見ていないものだからです。華やかに見える人、成功している人の陰には、必ずそれゆえの苦労や、そこに至るまでの努力の蓄積があります。そのすべてを羨ましいと思えるのかどうかを冷静に考えれば、いたずらな嫉妬心など湧かないのではないでしょうか。

　嫉妬心というのは実に幼稚で浅はかなものなのです。しかし困ったことに、現代人のほとんどは**物質主義的価値観で生きているため、表面だけ見て人に嫉妬**します。

　私の知人にとてもかわいらしい顔立ちの女性がいます。

そのために幼少時から嫉妬ゆえのいじめをさんざん受けたそうです。そこで彼女は、大人になってから敢えて太ったのです。太った彼女を見て、まわりの人たちの態度が一変しました。「そんなに太ってどうしたの？」とからかい始めたのです。いじめもなくなりました。「おかげで気が楽になったし、世の中、渡りやすくなった」と彼女は言います。何とも切ない話ではないでしょうか。

　昔の人には「人は人、自分は自分」と割り切る潔さがありました。嫉妬心も太古の昔からあったものの、それを自制して「分相応」に生きる大人の心がありました。しかし幼稚化した現代人は、「うまくやりやがって」という嫉妬心を、誰彼かまわずむき出しにします。

　そこで起きているのが「一億総評論家」現象です。いまの世には、わが身を省みず、他人を意地悪く批評する評論家ばかり。そうすることで自分の嫉妬心をなだめ、優越感にひたろうというのでしょう。ゴシップ誌やワイドショー、インターネットの大型匿名掲示板、学校裏サイトなど、いたるところで「えせ評論家」たちが暗躍し、「評論」の数だけ傷ついている人たちがいます。あなたにもいつ「評論」の矢が飛んでくるかわかりませんが、決して怯えないこと。<u>どんなもっともらしい「評論」でも、その正体は幼い嫉妬心</u>であることが多いのです。

7 あなたを傷つけた言葉を、

文字どおりに受けとめなくていいのです。

あなたを傷つけた言葉を、
文字どおりに受けとめなくていいのです。

　ネットでのいじめが、小学生のあいだでさえ深刻な問題となっています。明らかに同じクラスの人だけど誰かはわからない人物から、名指しで「ウザい、キモい、死ね」と書かれてしまう。そしてその言葉に傷つき、ほんとうに自殺してしまうという悲劇も起きています。

　しかしこの「死ね」は、決して文字どおり受けとめなくていいのです。「ウザい」や「キモい」も同じで、それを書く人は、ほかの言葉を知らないだけ。自らの感情を表すボキャブラリーがあまりに乏しいのです。

　ボキャブラリーの乏しい人は、ストレスが高じると、キレて、自分が知る数少ない言葉のなかでも極端にひどい言葉を吐きます。その語気の強烈さに託して、自分のなかに悶々とたまったものを発散させたいのです。

　これは、まだおしゃべりできない赤ちゃんと非常によく似ています。赤ちゃんは、自分の思いを伝えられないいら立ちと、わかってもらえない寂しさを、泣きわめき、かんしゃくを起こすことで表現します。「ウザい、キモい、死ね」と言う人は、かんしゃくを起こしている赤ん坊みたいなものなのです。

34

そういう言葉をあなたが吐かれたときは、「わあ、ひどい言葉！」などと言い返すことも大切です。そこで相手がハッと我に返り、自分が放った言葉のひどさに思い至れば、反省のきっかけになるかもしれないからです。「ウザい、キモい、死ね」が悪い言葉だということは、実はそれを発した本人も知っています。しかし気がつけば無意識のうちに言葉が先に出てしまっている。
　理由は、ここまでの話からも明らかでしょう。
　まず自分自身が幸せではない。わけのわからないストレスで、つねにむしゃくしゃしている。誰でもいいから八つ当たりしたい。とりあえず、妬ましくてムカつく人を標的にする。それだけです。
　ですからあなたも、何かを言われたり、ネットなどに何か書かれたりしても、その言葉を額面どおりには受けとらなくていいのです。もちろん、そう言われ（書かれ）てもしかたのない面があなたにあれば、その分は謙虚に反省することが必要でしょう。しかしそれ以上には決して気にしないこと。
　それよりも、相手の心理をよく見つめてください。その人はほんとうは何を訴えたいのか。あなたや身近な人、すべての他人、社会全体に、「自分を見てほしい、わかってほしい」、そう叫んでいるのではないでしょうか。

何かを言われて傷つく前に、よく考えてみてください。
相手はいったい、
どれだけあなたを知っているのでしょう。

8

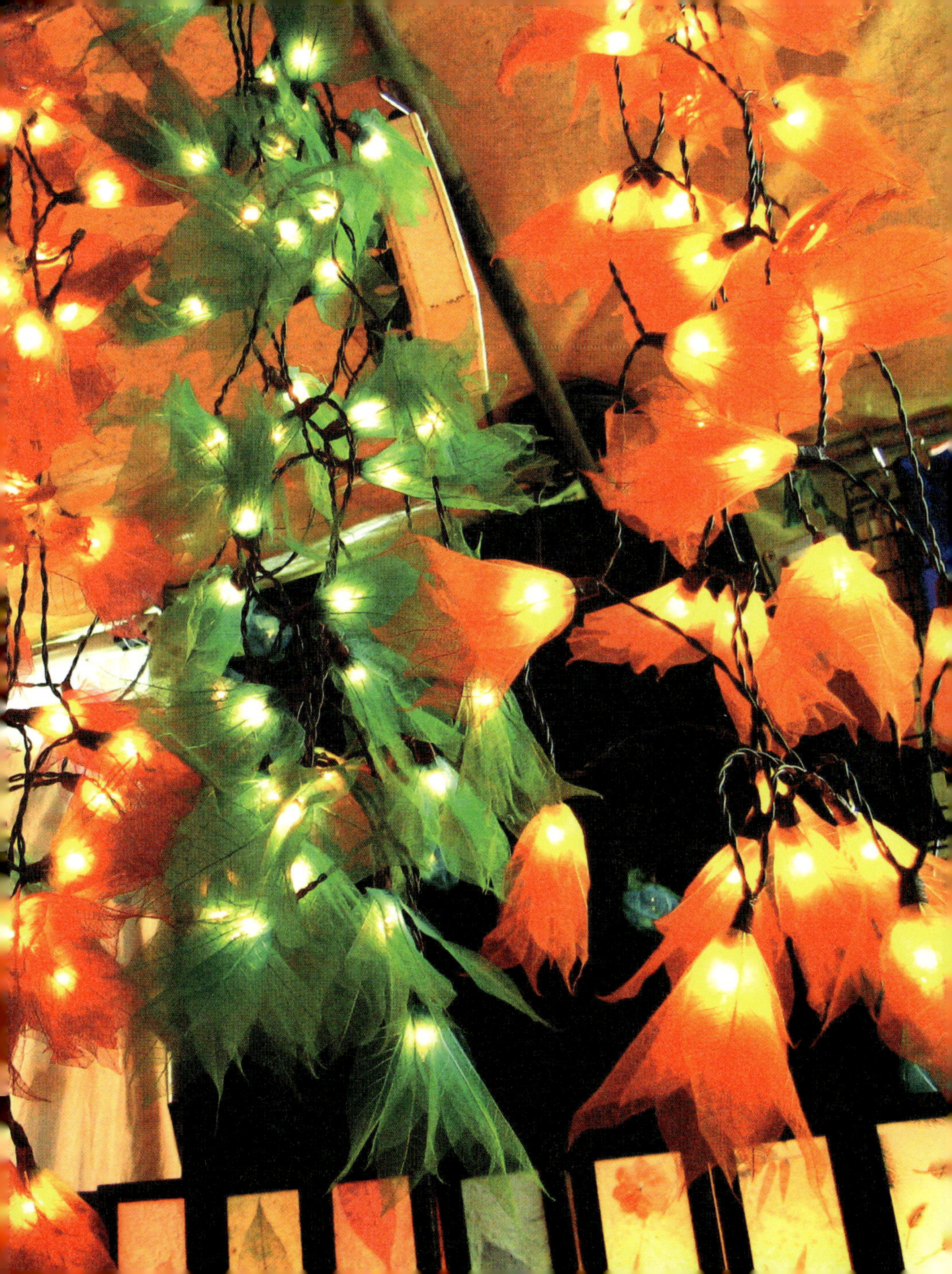

何かを言われて傷つく前に、
よく考えてみてください。
相手はいったい、どれだけあなたを
知っているのでしょう。

　いまの子どもや若い人たちに共通する特徴は、「失敗すること」と「責（せ）められること」を、ひどく怖（おそ）れていることです。だからちょっとしたミスを指摘されるだけで、人格まで否定された気になるようです。
　彼らは人間関係の免疫（めんえき）にもあまりに乏（とぼ）しく、簡単に傷ついてしまう世代でもあります。多種多様な人間関係のなかで、もまれて育っていないのです。
　私が子どものころはみな、「バカ、カバ……」などと、からかい合ったものでした。そんな軽口にもたいした悪意はなく、むしろ親しみをこめていたので、深く傷つく子はいませんでした。
　しかし最近は、子どもたちのちょっとしたトラブルにも親や先生が過剰（かじょう）に反応します。子どもたちだけで遊ぶことも昔に比べて減りました。子ども同士がのびのびとした関係を築き、切磋琢磨（せっさたくま）するということが、できなくなりつつあるのです。**人間関係のトラブルに極端に弱い人が増えているのもそのためだと思います。**
　インターネットでのコミュニケーションに夢中になる子どもや若者が増えているのも、その表れの一端でしょ

う。彼らは携帯電話やパソコンの画面という小さな窓を通じて、匿名(とくめい)で外界とつながろうとします。誰かとの絆(きずな)がほしいのに、生身(なまみ)の人間と接するのは怖(こわ)い。自分の内面をさらけ出すのは、弱みを見せるようで絶対にいや。そこでブログや掲示板に、「こんなふうに他人に見られたい自分」だけをわずかにのぞかせるのです。

　それだけに、書いた内容を否定されると、自分の全人格を否定されたようなショックを受けます。

　あなたがいまそういう状態なら、よく考えてみてください。あなたの言葉を批判した相手は、いったいどれだけあなたのことを知っているのでしょう。よく知りもしない人に批判されても傷つく必要はないのです。

　あなたはそもそも自分自身をすべて表現しきれていません。表に出しているのはほんの一部。しかもそれ自体、ほんとうのあなたの素直な表現かどうかは疑問です。だから、そこを否定されたところで落ち込むことはないのです。それよりも、ありのままの自分をまっすぐに表現できない理由を見つめることが大切ではないでしょうか。

　面と向かい合い、心を開いたコミュニケーションでは、トラブルは逆に起きにくいものです。人間同士の真の心のふれ合いがあるからです。言葉面(づら)だけではなく、表情や声も含めた全体のニュアンスで通じ合えるからです。

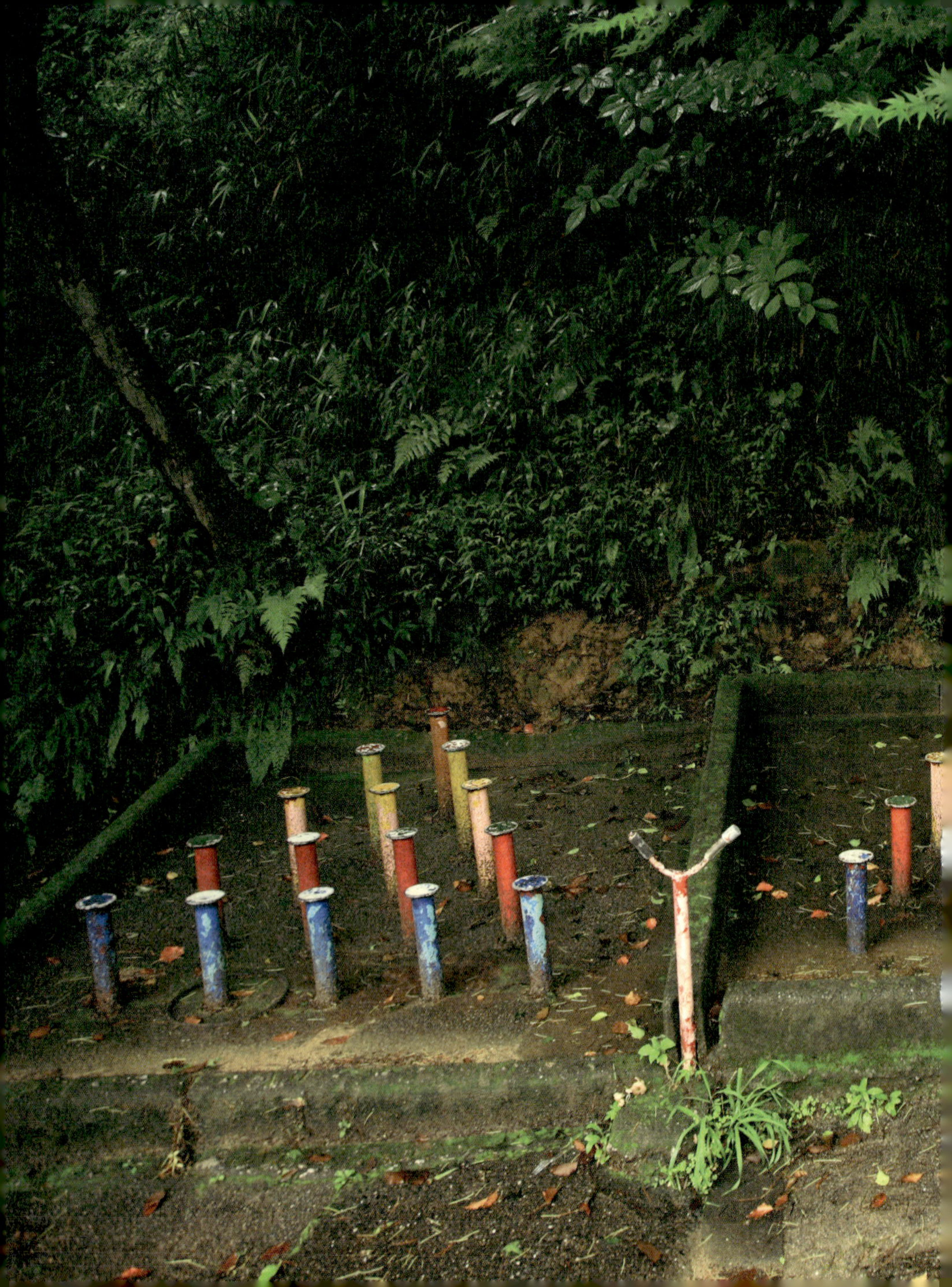

姿は大人でも、子どもとして想像してみる。9
すると相手の心理が読めてくるかもしれません。

姿は大人でも、
子どもとして想像してみる。
すると相手の心理が
読めてくるかもしれません。

　スピリチュアルな視点で見ると、人間の年齢には二種類あります。「肉の年齢」と「たましいの年齢」です。
「肉の年齢」は、この世に生まれてからの年数。
「たましいの年齢」は、すべての過去世をも含んだその人のたましいが、これまでにどれだけの経験と感動を積んできたかの度合いです。「たましいの年齢」が高い人は、その分、深い智恵と愛をそなえた人格者です。
「肉の年齢」と「たましいの年齢」は、まったく別のものです。だから「肉の年齢」が低くても、「たましいの年齢」が高い人はたくさんいます。幼いわりに、ものわかりのいい子どもなどがそうです。
　逆に**「肉の年齢」は高くても、「たましいの年齢」が低い人もごまんといます**。身体は立派な大人なのに、信じられないほど幼稚な意地悪をする人や、自分の欲望を満たすことしか考えていない人などがそうです。
　あなたが他人から理不尽な仕打ちを受けたり、驚くような罵詈雑言を浴びせられたりしたときは、このことをまず思い出してください。その人はまだ、自分があなたに対してしたこと、言ったことのひどさに気づけないく

らい、「たましいの年齢」が幼いのかもしれません。

　いまの日本には、「たましいの年齢」が低いうえに、一社会人としてのコミュニケーションをきちんととれない大人がとても多いようです。子どものころから勉強はさせられても、社会人として当たり前のことができるように育てられてこなかったからです。

　だから、子どものような振る舞いをします。好きな相手の気を引くためにいやがらせをしたり、自分の身を守るために見えすいた嘘をついたり。さらには、まともな理屈が通じない「モンスター」も急増しています。そんな世の中ですから、当たり前の良識をそなえた人ほど、失望させられ、傷つくことが多いでしょう。

　しかしそこで深刻に受けとめすぎないことも大切です。あなたが「大人のたましい」を目指すなら、<u>傷ついた自分を哀れむことより、相手を理解し、許すことを選びましょう</u>。「この人にはまだ経験と感動が足りないんだ。だから、<u>人がどんなことをされたら傷つくのか、どう言われたらいやな気持ちになるのかがわかっていないんだ。</u>これからいろいろな経験を積むうちに、いまの私の思いもわかるようになるだろう」。そう信じて水に流すことです。それが相手に対する愛であり、思いやりです。スピリチュアルな価値観で生きるということなのです。

インターネットに、匿名で他人の悪口を書く姑息な人たち。彼らの言葉を真に受けるのは、まったく無意味です。

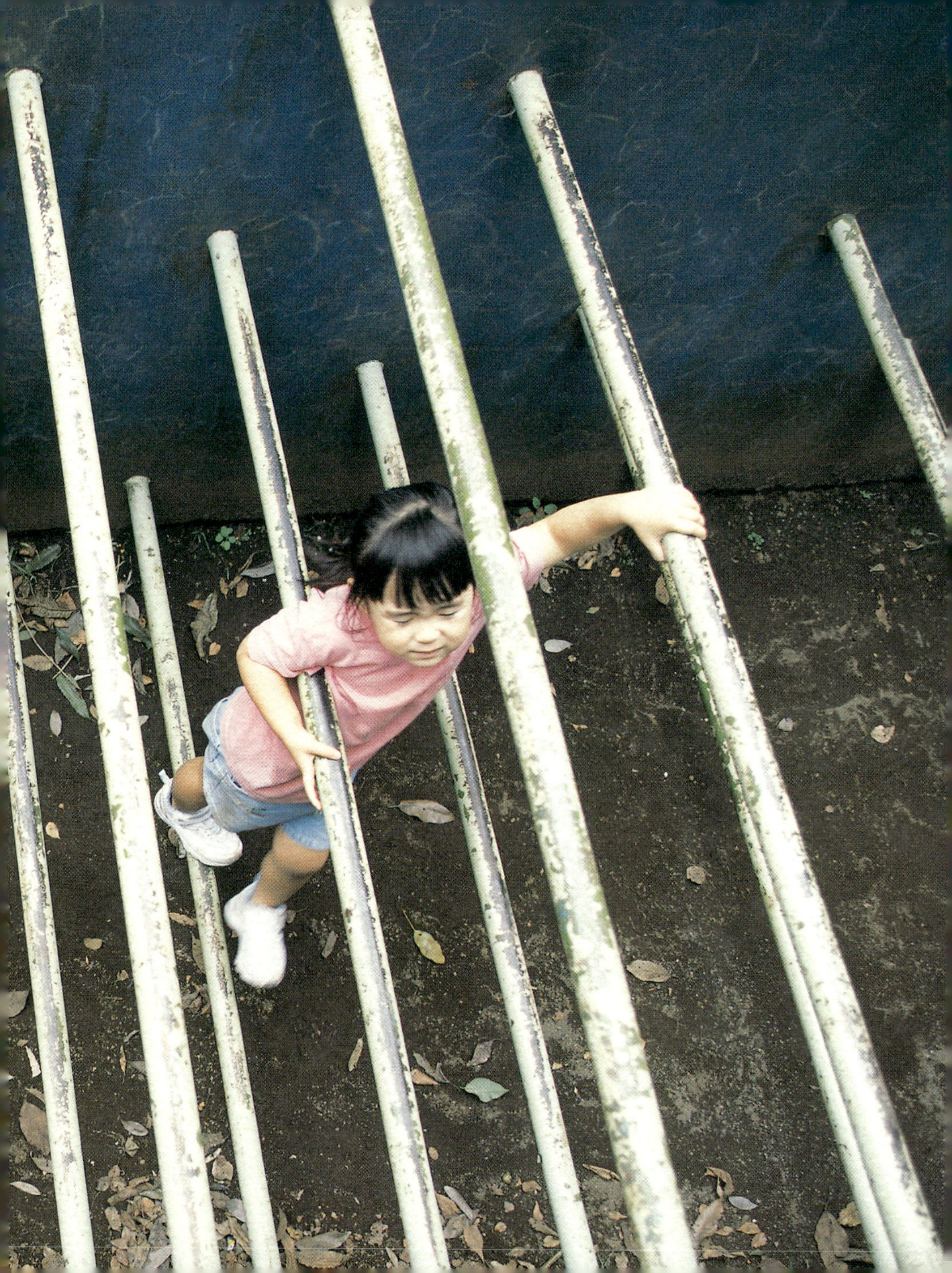

インターネットに、
匿名で他人の悪口を書く姑息な人たち。
彼らの言葉を真に受けるのは、
まったく無意味です。

　インターネットに悪口を書かれて傷ついている人の数は、いまものすごく多いはずです。世界じゅうの誰が読むかわからないサイトに、自分の実名入りでひどい言葉を書かれたら、誰だってショックを受けるでしょう。
　あなたがいまその類(たぐい)のことをされているなら、いたずらに落ち込む前に、現実をよく見てください。
　まず、書かれたあなたにも、反省すべき点はないかどうか。心当たりがあるなら素直に反省しましょう。
　しかし、ネットに匿名(とくめい)で悪口を書くという彼らの行為は、あなたにどんな理由があれ、絶対に正当化することはできません。**公明正大にものが言えないのは、人として恥ずかしいこと。きわめて姑息(こそく)で卑怯(ひきょう)なことです。**
　人間というのは、堂々と文字で公表されたことを真(ま)に受けてしまいやすい心理を持っています。そして心のどこかで脅威さえ感じてしまいます。けれども、ことインターネット上の悪口に関しては、真に受けるのはまったく無意味です。<u>書き手が「悪魔の心」に支配された哀(あわ)れな人たちだから</u>です。
　人は誰でも「天使の心」と「悪魔の心」を持っていま

す。あなた自身にもやさしい心のときと、邪悪な心のとき、両方あることでしょう。

　昔の人も同じでした。たとえば井戸端会議で人の悪口を言ったりするのは、昔の人にとっても楽しかったし、盛り上がったのです。それでも「いけない、いけない。人のふり見てわがふり直そう」、「バチが当たるね」などと言い合って自戒したものです。「お天道様が見ているから慎もう」という感性があったので、「悪魔の心」を恥ずべきこととして封印できていたのです。

　ところが時代が進み、人間が目に見えないものへの感性をなくすにつれ、「悪魔の心」に蓋をする自制心も失われていきました。さらにここ十数年は、インターネットが人々の「悪魔の心」を刺激し、氾濫させ、世の中の闇を濃くすることに拍車をかけています。

　インターネットはたしかに仕事で使うぶんには便利です。しかし私は、この文明の利器を無条件にありがたがる風潮を非常に警戒しています。私生活では、情報を得る以外に使う必要はないと思います。使う人の心しだいで、この世を崩壊させる元凶になりかねないと考えるからです。現に日々の新聞を見ていてもインターネットがらみの事件は後を絶ちません。そのなかで「明日はわが身」と気づいている人は、いったい何人いるのでしょうか。

2014.06.27 2014.08.22

11
インターネットに書かれた他人の悪口を

読んで喜ぶ人たちも、書いた人と「同じ穴の狢」です。

インターネットに書かれた他人の悪口を読んで喜ぶ人たちも、書いた人と「同じ穴の狢」です。

匿名で書けて、お互いの姿が見えないインターネットでは、人間のなかにある「悪魔の心」が顔を出しやすくなります。人を傷つける言葉、根も葉もない嘘、犯罪に近いことでさえ、書いても平気になりがちです。

ただでさえ「お天道様が見ている」という感性をなくしつつある日本人。ひとりでパソコンに向かっているときは他人の目もないため、「悪魔の心」はますます暴走します。そして、同じ心を持つ人間同士が、ネットを通じて「波長の法則」でつながっていきます。その結果が、ネットがらみのトラブルや犯罪の急増なのです。

だいぶ前に、「某金融機関が危ない」という噂が流れ、その金融機関で取りつけ騒ぎが起こったことがありました。ネットの世界でも似たことは充分起こりえます。「みんなが書いていること」が、実体をかけ離れて信憑性を帯びていく恐ろしさが、ネットにはあるのです。

「多いから正しい」という考えが間違っていることは、誰でもわかっています。でも「面白いから盛り上げちゃえ」、「しょせんネットだし」、「みんなやってるし」などと言って無責任に興じているうちに、人々の感性はどん

どん麻痺していっている気がしてなりません。

間違いは、何があっても間違いです。嘘や悪口を書いた人には必ず負のカルマが課されます。さらにはそれを読んで喜んだ人にも、もれなく負のカルマが課されます。

スピリチュアルな法則の上では、**思い、言葉、行為のすべてがカルマになります**。ネットに悪口や嘘を書いた人も、読んで喜ぶ人も、「同じ穴の狢」なのです。迎合して盛り上げたり、笑って読んだりした人はみな、書いた人と同類なのです。大型匿名掲示板などに集まって**他人の悪口を楽しむ人々は、面白がってのぞくだけの人も含め、みな同じ波長の持ち主と言えるでしょう。**

自分の職場や学校に、掲示板や裏サイトがある人は、「話題に乗り遅れていないか」、「自分の悪口を書かれていないか」という不安をつねに抱えているかもしれません。毎日こまめに、戦々恐々とした思いでチェックしている人も多いでしょう。

しかし、そんなせせこましい保身に走るべきではありません。ほかの人が標的になっていることで安堵したり、自分に矢が飛んでこないように、ほかの誰かを悪く書くことも、重いカルマになることを忘れないでください。

卑劣な人間たちと同類になりたくなければ、「私は読まない」と固く決め、泰然自若としているのが一番です。

仕返しはいけません。何をされても毅然としていること。

「戦わない強さ」を持つのです。12

仕返しはいけません。
何をされても毅然としていること。
「戦わない強さ」を持つのです。

　いじめや悪質ないやがらせを受けたとき、あなたは悔しさのあまり仕返しを考えるかもしれません。ほとんど反射的に仕返ししてしまう場合もあるでしょう。

　しかし、**何があっても仕返しはいけません。仕返ししたというカルマをあなた自身も背負ってしまうからです**。インターネットに悪口を書かれた場合も、決して反論を書き込まないこと。火に油を注ぐようなものです。

　もちろん、負のカルマを引き受ける覚悟なら、仕返しするのもあなたの自由でしょう。しかし、そのカルマをいつか返済するときに、再び同じような学びをくり返さなければならないことを考えてみてください。そのときあなたは、またいやな思いを味わうことになるのです。ならばここはぐっと堪え、一刻も早く地獄から抜け出たほうが賢明だとわかるでしょう。

　とにかく同じ土俵に乗らないのが一番。大切なのは、相手にせず、毅然としていることです。

　いじめやいやがらせをする相手の心理を想像してみてください。何が目的なのかと言えば、これまでに書いてきたとおり、ストレス解消、うっぷん晴らしです。その

爽快感は、いじめた相手が動揺したり、悲しんだりすればするほど高まります。「ようし、もっとやってやろう」となり、面白がる仲間も増えていきます。

　あなたはその裏をかけばいいのです。動揺したり、悲しんだり、落ち込んだりすれば相手の思うツボ。相手の願いを叶えさせてあげたことになります。だから逆に、その手に乗らないことなのです。

　いじめなどをする人は、心の弱い不幸な人たちです。どんなに威勢よくしていても、その実体は「よく吠える弱い犬」。あなたは彼らに、どんなに吠えても無駄だと思わせるまで、無反応を貫いてください。あなたが毅然としていれば「のれんに腕押し」ですから、相手はつまらなくなります。いじめがいも失くすでしょう。

　ただ、まったく何もしなくていいということではありません。たとえばインターネットのサイトに個人情報にかかわることを書かれたなら、サーバーに削除を依頼するなどの必要な措置はできるだけ早く講じること。

　あとは「カルマの法則」を信じて天にゆだねてください。霊的法則の働きの公平さは絶対的なものです。あなたが仕返ししなくても、カルマはいつか必ず相手に返っていきます。仕返しというのも、弱い心のなせるわざ。「戦わない強さ」があなたを守るのです。

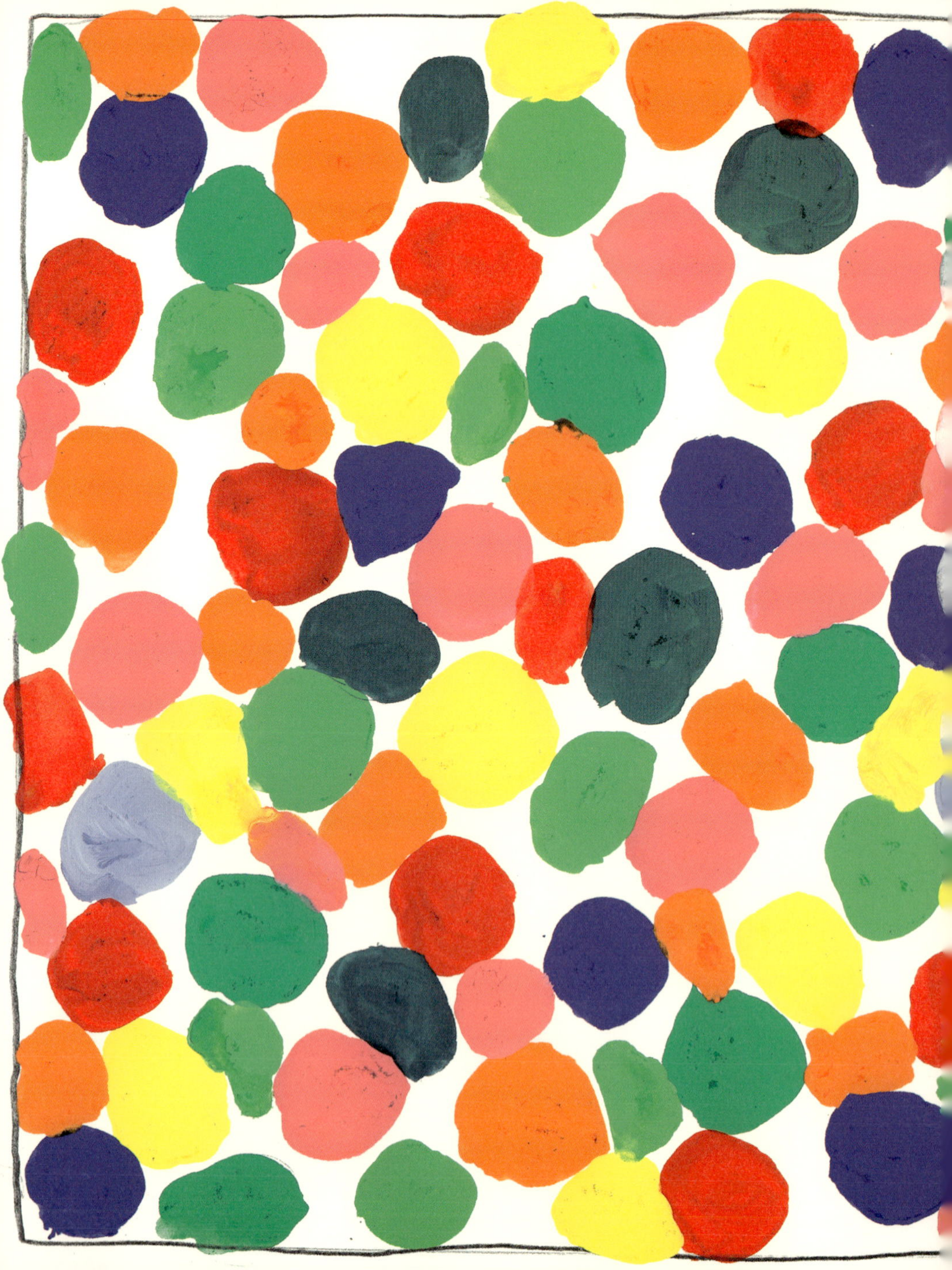

13

大勢の人に

いじめられても、

その「数」に

脅えてはいけません。

大多数は、

無責任に便乗して

楽しんでいるだけ

だからです。

大勢の人にいじめられても、
その「数」に脅えてはいけません。
大多数は、無責任に便乗して
楽しんでいるだけだからです。

　物質主義的価値観が支配するいまの世では、「目に見えない尊(とうと)い存在」の代わりに、具体的な「力」を持つものが神のように崇(あが)められています。だから、地位、財力、知力、体力などがある者が、何かと優位に立つのです。
　「数」も、そうした世の中で力を持つもののひとつです。数が多いか少ないかは、目で見て明らかにわかります。そして良いか悪いかは関係なく、多数派が力を持つことになります。
　集団いじめや、ネット上の「祭り」なども、数を武器とした個人攻撃と言えるでしょう。あなたがその標的にされたら、自分を攻撃する人の数の多さに圧倒され、脅(おび)えてしまうかもしれません。しかしその必要はないのです。そこに加わっている人の大多数は、便乗して楽しんでいるだけの無責任な人たちだからです。**「みんながやっているからいいだろう」**と自分を正当化し、尻馬(しりうま)に乗って面白がっているだけ。ほとんどが、あなたという人間をさほど知っていません。**深刻に受けとめるだけ損**です。
　他にもこんなケースもあるようです。ある中学生の携帯電話に、「死ね」というメッセージが何十と来たそう

です。アドレスはクラスメイト全員のものでした。しかしよく調べると、たったひとりのクラスメイトによるいたずらだったことがわかりました。この件の犯人も、数の多さを装って威嚇しようとしたのでしょう。

　これと似たことが私の知人のサイトにも起きました。いい大人がひとりで三人の人物になりすまし、人格を器用に書き分けて、知人の掲示板に悪意の投稿を続けていたのです。そうまでして書き込みをする姿を想像すると苦笑するかもしれませんが、書いている本人は気をひきたい一心だったのでしょう。しかし、「数撃ちゃ当たる」ではありません。

　「数」が力を持ついまの時代、自分がいじめの標的にならないように、力のある多数派グループに属することを処世術にしている人も多いことでしょう。子ども同士の友だち関係にもそれはあるようです。しかしそうした打算による保身は、決して自分を強くしません。そこに人と人とのほんとうの絆はないからです。

　友だちは数ではないのです。人間には、心からうちとけ合える友だちが数人いれば充分。もっと言えば、親や親にかわる人との確かな絆さえあれば、それが強力な「愛の電池」となって、一生を生き抜く力となります。集団いじめにも屈しない、真の強さを持てるのです。

14

誤解を解くには、直筆の手紙をしたためて送り、

「とき」を待ちましょう。

解けない誤解などありません。

誤解を解くには、
直筆の手紙をしたためて送り、
「とき」を待ちましょう。
解けない誤解などありません。

　いまの日本は、「一億総コミュニケーション不全症候群」の状態です。社会人としてのきちんとしたコミュニケーションがとれない人が、驚くほど多いのです。

　理由のひとつは、人間と人間が直接的なコミュニケーションをとらなくても済む暮らしに変わってきていることです。昔は何ごとも、対面でのコミュニケーションが基本でした。それが電話の普及により、会わなくても電話で済ませられるようになりました。さらにファックスやインターネットの普及で、相手と話さなくても一方的に用件を伝えられるようになりました。

　「これは便利」と喜んでいるうちに、困ったことになりました。相手の気持ちに添いながらのやりとりが不得手な人間が、社会にあふれてしまったのです。

　家族や近所の人たちとの関係も、昔に比べたら格段に希薄になりました。そうした時代に人間同士がやりとりすれば、何らかの誤解が生じるのも当然でしょう。

　誤解が生じないようにするには、ふだんから**言葉**というものを大切に扱うことです。**言葉には「言霊」というエナジーが宿っていて、相手の心を喜ばせもすれば、傷**

つけもすることを、ぜひ忘れないでください。

　それでも誤解を受けた場合は、相手に直筆の手紙を書くのが一番です。パソコンの印字ではなく、手書きの文字で、心からの謝罪と、自分の真意を伝えるのです。

　このとき、くれぐれも即効性を求めてはいけません。どんなに誠意をこめて書いても、すぐに和解できることはまれなのです。あるていどの時間は必要と覚悟して、ワインのように「寝かす」つもりでいてください。

　<u>どんな誤解も、いずれは必ず解けます。生きているあいだに解けなくても、あの世へ帰れば必ず解けます。</u>

　いまある通信手段のうち、一番誤解が生じやすいのは、やはりメールでしょう。「メールでのけんかほどたちの悪いものはない」と言われるくらい、使い方しだいで誤解を招く温床になりかねません。デジタル機器の文字には「言霊」が宿らないため、いったんこじれると、お互いの悪感情がどこまでもヒステリックにエスカレートしていきやすいのです。

　メールで伝えるのは用件のみにすべきだと私は思います。<u>大事なことは、ちゃんと会って、相手の顔を見ながら話す。</u>これを基本にしていれば、要らぬトラブルは起きません。私自身は、携帯電話でのメールはいっさいしないと固く決めています。

無視されても、朗らかに笑っていましょう。1

5 明るいオーラはどんな邪気をもはね返します。

無視されても、
朗らかに笑っていましょう。
明るいオーラは
どんな邪気をもはね返します。

あなたが日ごろ、クラスや職場の人たちに無視されてつらい思いをしているなら、次の事実をぜひ心に留めておいてください。

意外かもしれませんが、無視というのは、実は愛情のうちです。**愛の反対語は、無視ではなく無関心**。愛がなければ、相手はあなたに無関心になるはずなのです。

あなたを無視する人は、無視されて悲しむあなたの姿を見て喜ぼうという、ゆがんだ愛情をあなたに持っているのでしょう。経験がある人にはわかると思いますが、徹底して誰かを無視し続けるというのは、意外とエネルギーが要るものです。それだけただならぬ関心を、相手はあなたに寄せているのだと理解してください。

とにかく無視を深刻に受けとめないことです。じめじめと思い悩んでいると、あなたの悲しい姿を見たがっている相手の思うツボですし、陰うつなオーラがますます陰うつな現実を引きよせてしまいます。

「この状態も永遠に続くわけではない」と肝に銘じ、どんなときでも明るく笑っていてください。あくまでもひょうひょうと、軽やかに悪意をかわすのです。

明るさと笑顔は人生の最大の武器です。このふたつがあれば自分に寄せられるどんな邪気もはね返せますし、「波長の法則」により現実もどんどん好転します。
　「いまはつらくてとても笑えません」という人も、極力、悲しい顔だけは見せないこと。ふつうに淡々としていてください。ちょっと元気が出てきたら、無理をしてでも笑いましょう。「明るい負けず嫌い」になるのです。
　あなたに強い心の支えがあれば、これは難しいことではないはずです。強い心の支えとは、誰かとの深い絆や、時間を忘れて打ち込める何かです。
　明るさは、こんなときにも威力を発揮します。
　何人かが集まって、その場にいない人の悪口を始めるということは、どの職場や学校でもよくあるでしょう。あなたはいやでたまらないけど、抜け出しにくい。そういうときは、食べものの話を始めるといいのです。
「夕べ行ったレストラン、おいしかったよ」
「あの店のケーキ、食べた？」
　食べものの話題がきらいな人はそういません。うまくいけば、みんなの関心がそちらに集まり、その場によどみ始めた邪気がぱっと祓われます。あなたと同じように、いつもいやいや輪に加わっている人は、内心ほっとして、あなたにひそかに感謝するでしょう。

暴力は、どんな理由があるにせよ、

16

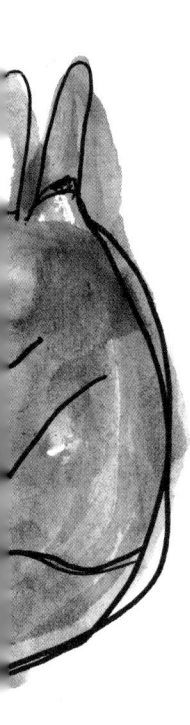

決して許されない行為です。

暴力は、どんな理由があるにせよ、決して許されない行為です。

最近、夫婦や親子間、さらには十代の恋人同士にまで、暴力が横行しています。幼稚でキレやすい人間は、自分の思いどおりにいかないことがあると、簡単に暴力という卑怯(ひきょう)な手段に訴えてしまうのです。

暴力は、どんな理由があっても絶対に許されない行為です。ストーカーや痴漢(ちかん)行為も同じです。

あなたが日常的に暴力をふるわれているなら、すぐに相手との別れを考えましょう。ここまでのページでは、心の対処法、つまり、「どう受けとめるか」という視点で書いてきましたが、暴力だけは例外です。一刻も早く、身を守るための現実的な行動を起こすべきです。

とにかく別れる。すぐには無理というなら、暴力をふるわれている物的証拠、たとえば怪我(けが)を診てもらった医師の診断書などをストックしておくことが大切です。警察に助けを求めるときや裁判のときに役立つからです。

厳しく聞こえるかもしれませんが、暴力が習慣化してしまっている人は、めったに直りません。ですから別れることが、あなたの身を守るための最善の道なのです。

それでも別れをいったん保留にしていいケースがある

としたら、ひとつだけ。暴力をふるう本人に直したいという真剣な意思があり、心理療法やカウンセリングを受けるなどの具体的な行動を起こそうとしている場合です。そうでない相手とは、だらだら離れられずにいるうちにエスカレートして、極端になると殺人という最悪の悲劇にも至りかねません。

　そういう<u>相手と別れられずにいるのは、実は依存心から</u>です。「この人は私がいないとだめだから」と言う人は、不健康な共依存(きょういぞん)に陥(おちい)っています。厳しいようですが、相手に依存しなければ生きていけない弱さがあるのです。「この人はほんとうはやさしい」、「二度としないと謝ってくれた」という言葉もよく聞きます。しかし言葉だけなら、その場しのぎのために何とでも言えます。あてにすべきは言葉ではなく、行動の変化です。どんなに相手を好きでも、現実をしっかり見なければなりません。

　そういう相手と別れられたあとは、ぜひ新しいあなたに生まれ変わってください。<u>新しくなったあなたに何よりも大事なのは、自分にプライドを持つこと</u>です。あなたは暴力なんてふるわれてはいけない尊(とうと)い人間なのです。あなたのいのちには、家族の愛、友だちの愛、そしてスピリチュアルな存在からの愛が詰まっています。そのことへの誇りを、どうか一生忘れないでください。

17

拙くてもかまいません。あなたが素直な自分を

表現すれば、あたたかい絆はきっと築けます。

拙くてもかまいません。
あなたが素直な自分を表現すれば、
あたたかい絆はきっと築けます。

　「一億総コミュニケーション不全症候群」時代のいま、自分で自分を傷つける人たちがいます。自分自身をうまく表現できないことに傷ついている、「自傷タイプ」です。
　言いたいことを言えない。ありのままの感情をのびのびと表現できない。自分の言葉をぐっと呑み込んでばかりいるので、「自傷タイプ」の人間は、自己嫌悪でつねに心がひりひりしていてつらいのです。
　なぜ彼らは自分を表現できないのでしょうか。これには家庭での過保護な育てかたが大いに関係していると、私は考えています。最近の親は、本人が意思を表現する前に、子どもの身のまわりのことを何から何まで先まわりしてやってしまうことが実に多いのです。
　たとえば「のどが渇いた」と子どもが言う前に、「はい」とコップを差し出してしまう。「ハンカチちょうだい」と言う前に、ランドセルにハンカチを入れてしまう。子どもは何もしなくても必要が満たされるので、要求を人に伝える術を知らずに育ちます。自分の感情や意思を表現する方法も身につきません。「コミュニケーション不全症候群」の大人はこうしてできあがるのです。

過保護な親は、一見、面倒見のいい親のようです。しかし現実は逆で、横着なのです。子ども自身が表現するのを待てない。先まわりしてやれば自分がラク。これも無駄を省きたい物質主義的価値観ゆえです。日常の食卓で「のどが渇いた」と言うことさえ子どもには大事な自立の訓練になることを、そういう親はわかっていないか、日々の忙しさのなかで忘れているのです。

　いまの若い世代の実に多くが、気の毒に、そういう育てられかたをしています。しかしこの世で生きていく以上、自己表現は絶対に必要です。**人は人とのかかわりのなかでしか生きられない**からです。人とかかわり、学ぶことは、人生の一番の目的でもあるのです。

　あなた自身が「自傷タイプ」なら、拙くてもいいから少しずつ自己表現ができるようになりましょう。**自己表現をあきらめるのは、依存であり甘え**です。自己表現をせずにいる限り、つねに誰かに依存していなければならないからです。何と不自由な人生でしょうか。

　<u>口べたでもいいのです。口べたな人なりの不器用なあたたかさが相手に伝わります。</u>勇気を出して会話スクールなどに通うのも賛成です。自分を表現できるようになれば、人と心をつないで生きる喜びを、少しずつでも感じられるようになるでしょう。

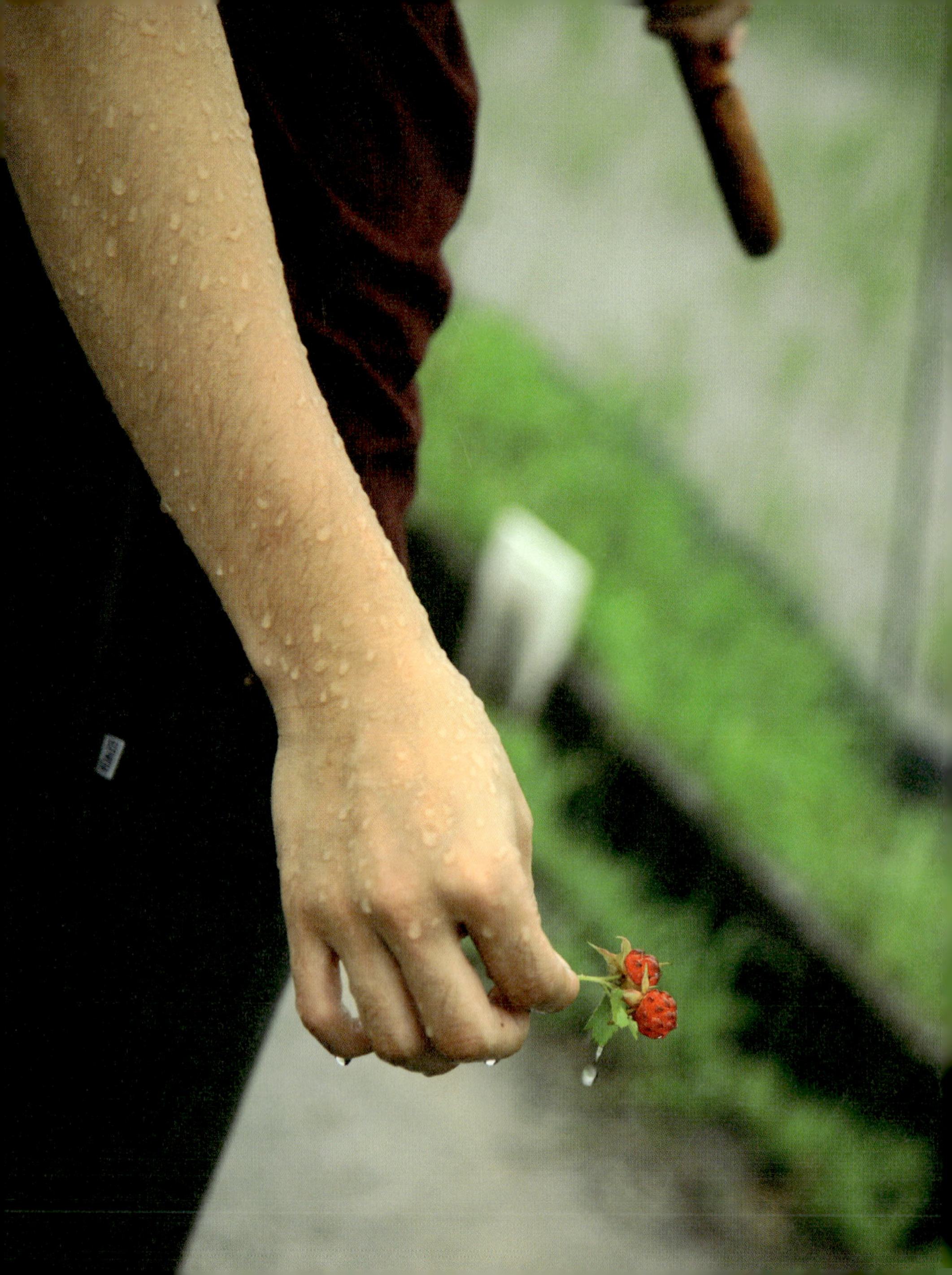

18

ささいな失敗にめげて傷つく心理には、

実は「甘え」がありませんか？

泣くのがいやなら、

自分で立ち上がるしかありません。

ささいな失敗にめげて傷つく心理には、
実は「甘え」がありませんか？
泣くのがいやなら、
自分で立ち上がるしかありません。

　　　　人生に失敗はありません。スピリチュアルな視点では、**失敗をも含めたすべての経験と感動が、成長の糧になり**ます。失敗したときの悔しい思いが強烈であるほど、たましいに深く刻まれ、次の成功のための智恵となるのです。そういう意味では、失敗というのも、成功の一種なのかもしれません。

　それなのにいまの日本人には、ささいな失敗にめげてしまう人が多すぎます。失敗がトラウマという深い傷になり、立ち上がれなくなってしまう人。何もかもリセットしたくなる人。なかには人生のリセット、つまり自殺まで考える人もいます。これも最近多い「リセット症候群」の発想です。輝かしいエリートコースをひたすら歩んできた人が、一度の失敗でポキンと挫折してしまうのを、私も過去のカウンセリングで多数見てきました。

　つらくなる気持ちはわかりますが、その裏にあるのは、実は、物質主義的価値観が生んだ「インスタント脳」です。人生のプロセスを味わいながら成長しようという心ではなく、目に見える結果や成果ばかりを性急に求める幼い心なのです。

一度の挫折から何としてでも立ち上がろうとしないのは、厳しいようですが、幼さゆえの甘えでもあります。しかし人生は、『水戸黄門』の歌にあるように、泣くのがいやなら自分の足で立ち上がって歩くしかありません。一番信用できるのは、自分の経験と努力だということを忘れないでください。失敗を含めたたくさんの経験を積みながら、地道な努力を続けてこそ、ほんとうの実力がつき、揺るぎない自信になるのです。チャレンジする前から自信がないと言うのはおかしな話。**経験がないのに自信があったら、それは傲慢な妄想です**。

　この「インスタント脳」は、若い世代ほど顕著です。いまの若者たちは、何の努力もせずにぴかぴかの成功を望むわりに、ちょっとしたことであきらめがちです。

　傷つくことを怖れて、最初からチャレンジしない人も多いようです。そこにある間違いは、他人と比べて「勝ち負け」を考えていること。チャレンジして失敗することがみじめな敗北に思え、怖くてしかたないのです。

　他人がどうあれ関係ありません。<u>自分が生まれ持った個性を存分に輝かせて生きるということが、一番の成功</u>ではないでしょうか。これは「負け組」の言いわけなどではありません。一度きりのいまの人生を、最高に大事にする生きかたなのです。

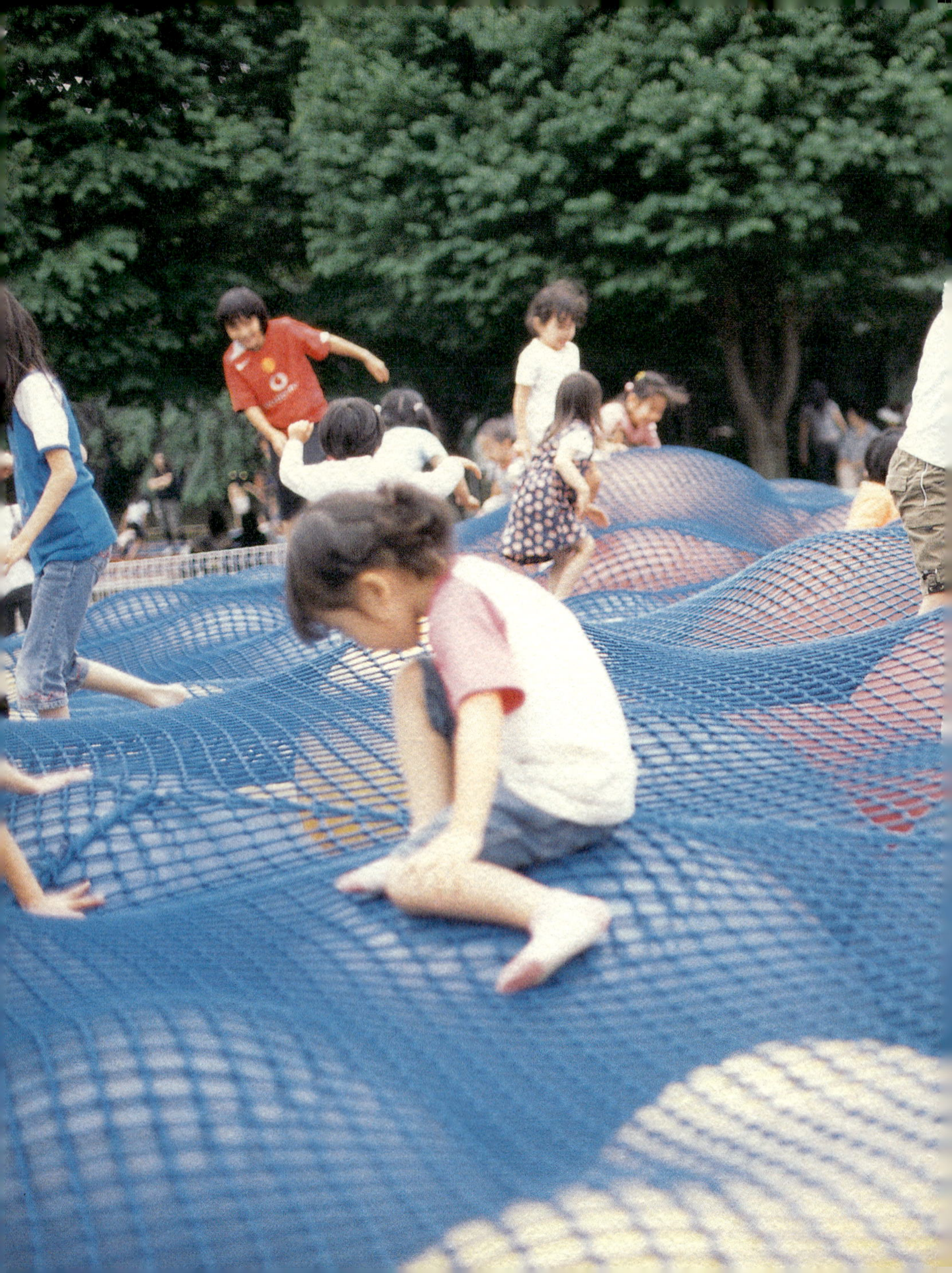

いじめに遭うという苦しい経験も、
ある意味「人間力」を高めるひとつのチャンス。
そう受けとめられるあなたは、
間違いなく「幸せ」をつかむ人です。

19

いじめに遭うという苦しい経験も、
ある意味「人間力」を高めるひとつのチャンス。
そう受けとめられるあなたは、
間違いなく「幸せ」をつかむ人です。

　いじめやいやがらせを受けるのは、もちろんつらい経験です。誰だって避けて通りたいでしょう。
　けれども自分の一生、あるいは来世（らいせ）をも含めたたましいの長い歴史から見れば、たましいを大きく成長させてくれる「チャンス」だとも言えます。
　人間は他人の経験から学びとることもできますが、自分の身をもって味わう経験以上に深い学びになるものはありません。だから、いじめられた経験がある人には、同じ目に遭（あ）っている人の気持ちが痛いほどわかるのです。その人は自然と他人にやさしくなれますし、決していじめをしない人間にもなれます。低俗ないやがらせに二度とふりまわされない心の余裕もそなわります。人間としての器（うつわ）がひとまわり大きくなるのです。
　ところが一方には、同じようにいじめに遭っても、正反対の方向へ行く人もいます。当然のように仕返しをし、相手を恨（うら）んで卑屈（ひくつ）な人間になってしまうのです。
　すでに書いたように、仕返しは決して得策（とくさく）と言えません。低い波長の相手と同じ土俵に乗るということだからです。仕返しが生む新たな負のカルマと低い波長のため

に、いつまでも醜い争いが絶えない人生になります。相手を恨むことや、卑屈な人間になることも、新たなトラブルを引きよせるだけです。

つらい経験をしたとき、そこから本人が正に向かうか負に向かうかは、その後の人生を大きく分けます。負に向かうのは、不毛な蟻地獄への道。正に向かえば事態は好転し、つらい経験に感謝さえできる日が来ます。もちろん、こちらの道を歩める人が「幸せ」をつかむ人です。

どちらを歩むかは、自由意志にかかっています。<u>いやなこと、つらいこともたましいにとっては感動。「さあチャンスだ。この経験と感動を生かして成長の糧にしよう」</u>と思える幸せなあなたになってください。

いじめに限らず、人生というのは、必ず何か問題が起きるものです。**この世とは、自分を鍛え抜くための「たましいのトレーニングジム」**だからです。何も問題が起きなければ、生まれてくる意味がありません。

病気、災難、貧困、家庭不和など、さまざまなトレーニングメニューがあります。誰もが自分を鍛えるために必要かつ充分なメニューにとり組むようになっています。無駄な経験も、無駄な感動もありません。すべては「人間力」として蓄積され、あなたを永遠の幸せに近づけてくれるのです。

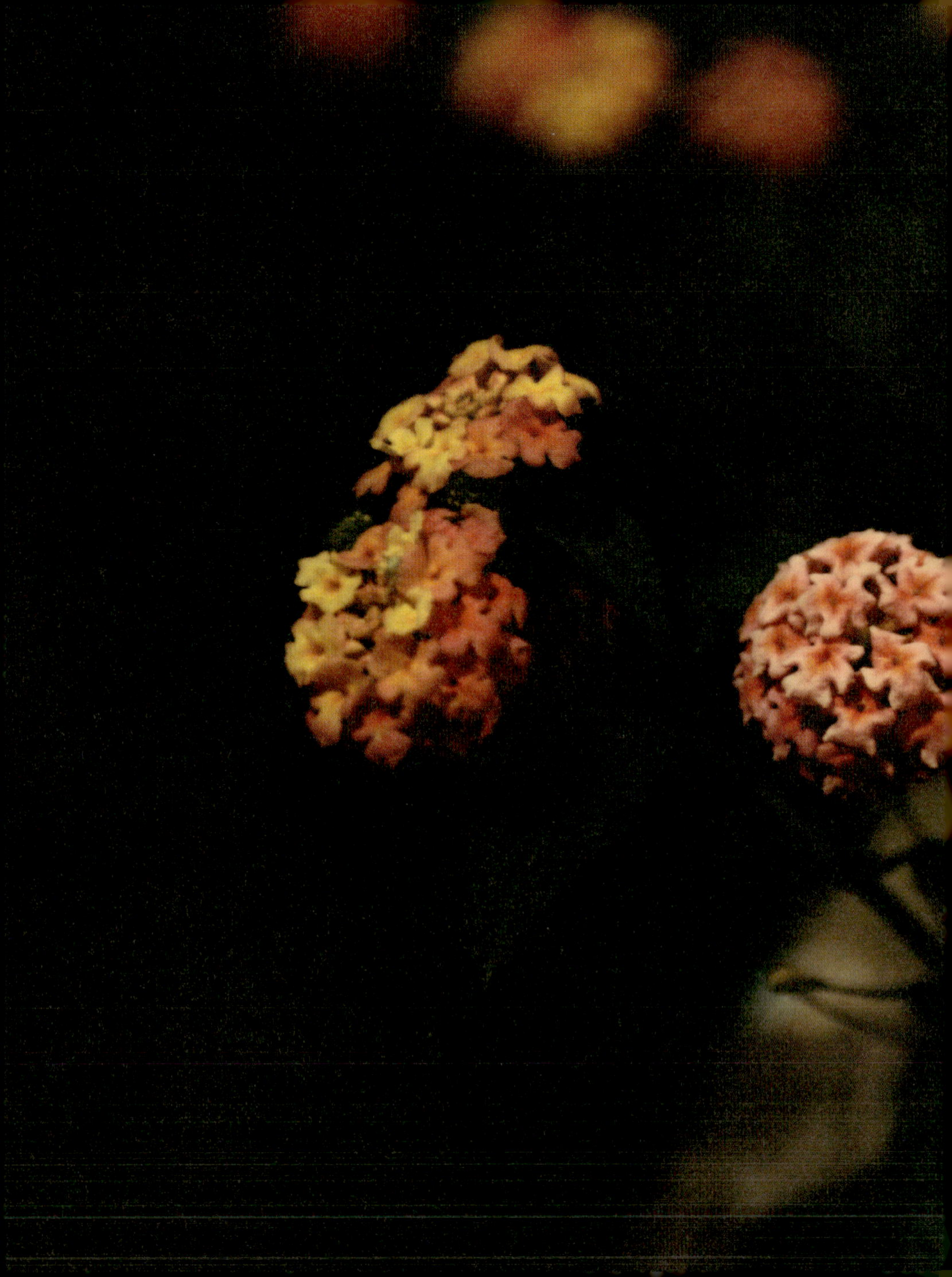

人生も生け花と同様、
「真・副・控」の見きわめが大切です。
いまのあなたにとって、「真」は何ですか？

20

人生も生け花と同様、
「真・副・控」の見きわめが大切です。
いまのあなたにとって、
「真」は何ですか？

　華道の草月流では、花を生けるときに、「真・副・控」のバランスを大切にするそうです。

　「真」とは、一番長くて目立つ、主軸となる枝のこと。「副」は、その「真」を引き立たせる二番目に長い枝。「控」とは、全体を見栄えよくさせるための、バランスをとる枝のことだそうです。

　自分の人生についても、この三つをつねに見きわめていることが大切だと私は思います。

　三つの見きわめがきちんとできていれば、人生に迷うことはありません。何かトラブルが生じても、どう対処したら一番いいのかの答えがおのずと出てきます。みごとなバランス美を見せる生け花のように、一本筋の通った、きりっとした人になれるのです。

　たとえばいまあなたが職場でいじめに遭っているとしましょう。このとき「真・副・控」の見きわめができていないと、つまらないことにふりまわされて大局を見失いやすくなります。努力して入った会社なのに「こんな会社、辞めてやる」とキレてしまったり、いい上司や同僚もたくさんいるのに「自分はなんて人間関係に恵まれ

ていないんだ」と落ち込んだりしてしまうのです。

　でも、よくよく考えれば、いじめなどというのは、自分がそこで働いていることの「真・副・控」のどれとも関係ない、ただの雑草のはずです。

　冷静になって、自分にとっていまの職場とは何か、原点に立ち返って考えることが大切です。たとえば、「家族全員の生活費をいただくところ」が「真」で、「キャリアアップするための実績を積む場所」が「副」であるとすれば、安易に「辞めてやる」とは言えなくなるでしょう。そして、いじめにふりまわされることの愚かさに気づき、「ちょっとやそっとの雑草は無視しよう」という大らかな開き直りも生まれるでしょう。

　人間は、知らず知らずのうちにつまらないことにふりまわされがちです。そしてそれを大げさな悲劇として受けとめ、自分は不幸だと騒ぎ立ててしまいます。人生の時間の短さを思えば、何という無駄遣いでしょうか。

　だからこそ、ときどき立ち止まって自分をふり返り、「真・副・控」を見きわめる作業が必要なのです。

　<u>人生の時間を無駄にできないことも、花は教えてくれます。花はいずれ枯れます。どんなにきれいに咲き誇っていても、必ず終わりが来ます。</u>

　この人生も無限ではないのです。

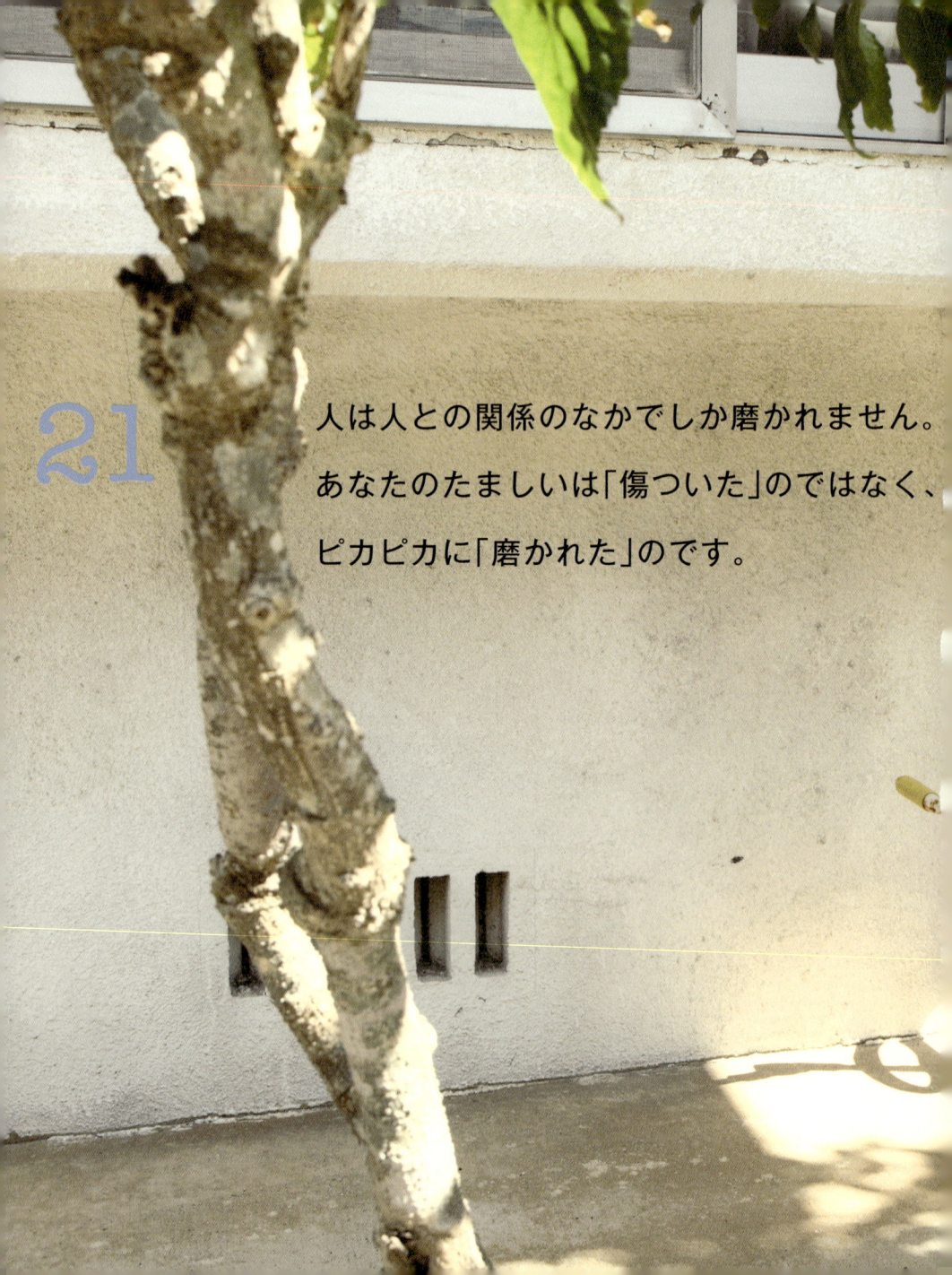

21 人は人との関係のなかでしか磨かれません。
あなたのたましいは「傷ついた」のではなく、
ピカピカに「磨かれた」のです。

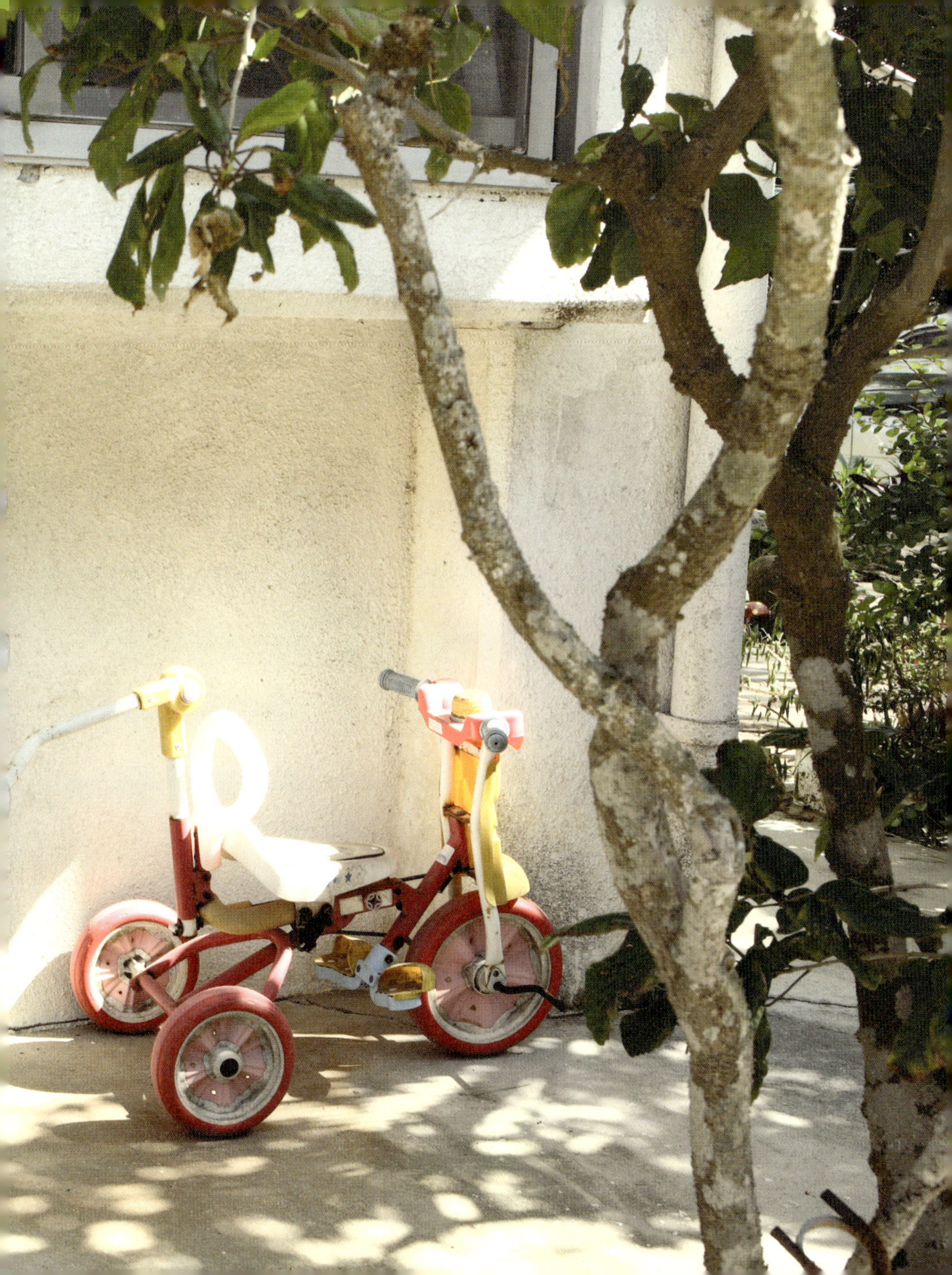

人は人との関係のなかでしか磨かれません。
あなたのたましいは「傷ついた」のではなく、ピカピカに「磨かれた」のです。

つらい仕打ちを受けたり、ひどい言葉を吐かれたりすると、人は「傷ついた」、「傷つけられた」と言います。

しかしこれは、この世の視点に立っての表現にすぎません。スピリチュアルな視点では、「傷つく」ということはありません。たましいは傷つかないのです。

人はそもそも、たましいを成長させるためにこの世に生まれてきます。それだけに人生は、たましいを鍛える(きた)ための実にさまざまな経験と感動にいろどられます。

そのなかでも学びの一番の中心は、人間関係です。人生の目的が自分自身のたましいの向上なのに、なぜ何をするにも他人との関係がつきまとうかというと、人は人とかかわるなかでしか向上できないからです。

刃物を研ぐには砥石が欠かせません。同じように、**すべての他人はあなたの成長に欠かせない「磨き砂」**です。どんな人間関係も「切磋琢磨」の場なのです。

ですから「傷ついた」、「傷つけられた」という受けとりかたは実は間違いで、スピリチュアルな視点では「磨かれた」と言うべきです。あなたが思う心の「傷」が多ければ多いほど、深ければ深いほど、あなたのたましい

はピカピカに磨かれているのですから。

　本書のタイトルも『磨かれるあなたへ』のほうが、スピリチュアルな視点に立てば、合っているのです。本文にも「傷つく」という表現が多く出てきますが、あなたの理解がきちんと深まったら、心のなかで「磨かれる」に置き換えながら再読してみるといいかもしれません。
<u>「傷つく」ことを「磨かれる」ことと受けとめる発想の転換ができれば</u>、人生に怖いものはなくなります。あなたをいじめた人への見方も変わってくるかもしれません。その人はむしろ恩人なのです。負のカルマを背負ってまで、あなたのたましいを大いに磨き、成長させてくれたのですから。ある意味で、その人も大事なあなたの「ソウルメイト」です。その人がいなければ、あなたは他人の心の痛みをいまほどはわかりませんでした。

「傷ついた」と思う経験をして以来、他人が怖くなってしまったという人も、「人は人とのかかわりのなかでしか磨かれない」という事実を忘れずにいてください。そして心の元気が少しずつ戻ってきたら、勇気を持って、再び人とのかかわりに飛び込んでください。

　心の傷を癒すのは、やはり人とのかかわりをおいてほかにないのです。<u>誰かを愛し、心を通わせることが、何といっても一番のヒーリングなのです。</u>

勇気ある決別も、ときには必要です。

孤独を怖れてはいけません。

孤独を怖れてはいけません。
勇気ある決別も、ときには必要です。

　人間関係は、自分を成長させる「磨き砂」だと書きました。それなのに人間は、苦手な人からは逃げようとしがちです。苦手な人というのは、実は往々にして自分のたましいの「鏡」であり、大事な学びを与えてくれる相手なのにもかかわらず、つい避けたくなるのです。

　では、苦手な相手との関係を何が何でも続ける努力が必要かというと、それも違うのです。「このままいっしょにいても、お互いにマイナスにしかならない」と確信をもって思える相手からは、意を決して離れることも必要だと私は考えています。

　なぜなら人生の時間は有限だからです。どうにも埒のあかない人間関係を続けるより、新しい人間関係に学びを求めるほうが賢明なのです。

　それに世の中には、「たましいの年齢」が赤ちゃんほど幼い人間もたくさんいます。もちろんその人もこれから成長していくのですが、あなたのいまの器では、努力してもいい関係など築きようがない場合もあるでしょう。特に、職場や学校での理不尽ないじめには、個人の努力で太刀打ちできないことも多いと思います。

そんな関係に見切りをつけたら、勇気ある決別をしましょう。相手を見捨てるのではありません。潔く離れたほうが、相手の成長にもプラスになるものなのです。あなた自身もその関係から学ぶべきことを学びきり、そのことに感謝さえできるなら、「逃げ」ではなく「卒業」です。「卒業」であれば、転職も、転校も、恋人との別れも、家族との離別も、ひとつの道だと私は思います。
　もちろんそういう相手と出会ったのもあなたの波長のためですから、その点に反省は必要です。しかし「もう関係を絶ちたい」と思うとき、あなたは相手と出会ったときよりずっと成長して、両者の波長にギャップができているのかもしれません。もしそうなら、見切りをつけて人生を切り替えたほうがずっと前向きです。
　ただ、このとき思わぬかたちで足をひっぱるのが「孤独に対する怖れ」です。離れるべきだとわかっているのに離れられない。それはあなた自身の、ひとりになれない依存心ゆえです。しかしそこでずるずるとそのままにしていると、不毛な関係のなかで、生きる喜びがどんどん失われていきかねません。
　ひとりになるのはいっときです。勇気を持って人生を切り替えたあなたには、新しい波長が、新しい人との出会いをもたらすことを信じてください。

23
「どんなにいやなことがあっても、自分にはこれがある」。

そう胸を張って言える世界を、あなたは持っていますか？

「どんなにいやなことがあっても、
自分にはこれがある」。
そう胸を張って言える世界を、
あなたは持っていますか？

　いじめやいやがらせを受けたときの心の傷をどこまで引きずるかには、大いに個人差があるようです。
　一晩眠ればけろりと忘れる人もいれば、親友に話せば元気が出るという人もいます。
　しかしなかには、二度と立ち上がれないくらい落ち込んでしまう人もいます。それは、人生そのものが、いまあまり幸せでない人かもしれません。
　「愛の電池」を満たしてくれる人や、夢中になって打ち込めるものが少ないのかもしれません。要するに、立ち上がるために必要な力をチャージできなくなっている状態なのでしょう。
　打ち込める何かを持っているということは、人生においてとても大事なことだと私は思います。私自身、どんなにつらいことがあっても、歌に励まされて生きてきました。あなたにも、時間を忘れるほど夢中になれて、幸せな気分を味わえる何かがあるでしょうか。
　人によってその内容はさまざまでしょう。趣味や習いごとかもしれません。親友や恋人、家族とすごす時間が元気のもとという人もいるでしょう。ボランティア活動

や仕事が生きがいという人もいるでしょう。

　何でもかまわないのです。ひとつの場で傷ついたときに、「自分にはこれがある」と胸を張って言える世界を、まったく別の場に持っていれば、人間というのは強いのです。その意味では、ふだんから行動範囲や興味の幅の狭い人は、いざというときに打たれ弱いと言えるかもしれません。たとえば学校のクラスで仲間はずれにされた子も、塾や近所に仲よしの友だちがいれば、つらさも半減するでしょう。夕食の時間にやさしく話を聞いてくれる家族がいれば、明日また学校へ行く勇気も出ます。

　なかには、我を忘れて没頭できる趣味があり、クラスや職場の人たちに無視されてもちっとも気にならない人だっているかもしれません。その人にしてみれば、誰にも邪魔されないひとりの時間がたくさんできて、むしろ「これ幸い」といったところかもしれません。

　日本ではもうずいぶん前から「オンリー・ワン」という言葉がはやっているのに、多くの人が、なかなか「オンリー・ワン」になる勇気を持てないままなのは、いったいどうしたことでしょう。

　<u>あなたも自分オリジナルの聖域を心に持って生きてください</u>。その聖域の輝きが、あなたに心からの幸せと、どんなことにも動じない強さをもたらします。

24
あなたが傷つくのは「小我」で生きているからです。

その苦しさから脱する道は、「大我」以外にありません。

あなたが傷つくのは
「小我」で生きているからです。
その苦しさから脱する道は、
「大我」以外にありません。

　少し難しい話をしましょう。人間のたましいのなかには、「大我」と「小我」があります。
　「大我」とは、スピリチュアルな視点から見た自分のこと。人間は、この世では一人ひとり別個に存在しているように見えますが、たましいの視点で見れば、究極的には自分も他人も大きなひとつのまとまりの一部です。この世に生きる人間は、みな手をとり合い、ともに切磋琢磨しながら向上を目指す仲間なのです。スピリチュアリズムの言葉ではこれを「類魂」と言います。
　一方の「小我」は、物質主義的価値観で見た自分のこと。人間一人ひとりの肉体が別であるように、自分と他人はまったく別個の切り離された存在であるとする、狭い意味での自分です。私たちがふだん「自分」や「私」と言っているのは、ほぼこちらの意味でしょう。
　「小我」を中心に生きていると、「自分さえよければいい」というせせこましい考えかたになります。いじめに関しても、その矢ができるだけ自分に向かないように、保身に汲々としながら日々をすごすことになります。
　しかしそうした「小我」には、「波長の法則」の結果、

同じ「小我」が引きよせられ、かえっていつまでもいやな人間関係から逃れられなくなります。

　これに対し、「大我」の心で生きる人は、自分をいじめる相手さえ、仲間として愛そうとします。「この人はきっと寂しいからそんなことをするんだ。ほんとうは愛されたいんだろうな。そんな人と出会った自分のなかにも、きっと寂しさがあるんだな」というふうに、すべてを愛のある方向、学びのある方向で受けとめます。

　もちろんこれは容易なことではありません。けれども、愛することはすぐには難しくても、理解しようと努めることは、そう難しくないのではないでしょうか。

　理解という言葉は、冷静でクールな響きを感じさせるかもしれません。しかし理解も愛のひとつの側面であり、「大我」がなければできないことです。

　<u>自分をいじめる人の心情さえ逆に思いやれる「大我」の持ち主になれたら、傷つくことはもうなくなります。</u>そのときあなたは、相手より何段階も「大人のたましい」になっているからです。幼児の言葉に深刻に傷つく大人がいないように、たましいが成長すれば、その分、傷つかなくなるのです。

　「大我」を重んじて生きるということは、このように、結果的には自分自身を守ることにもなるのです。

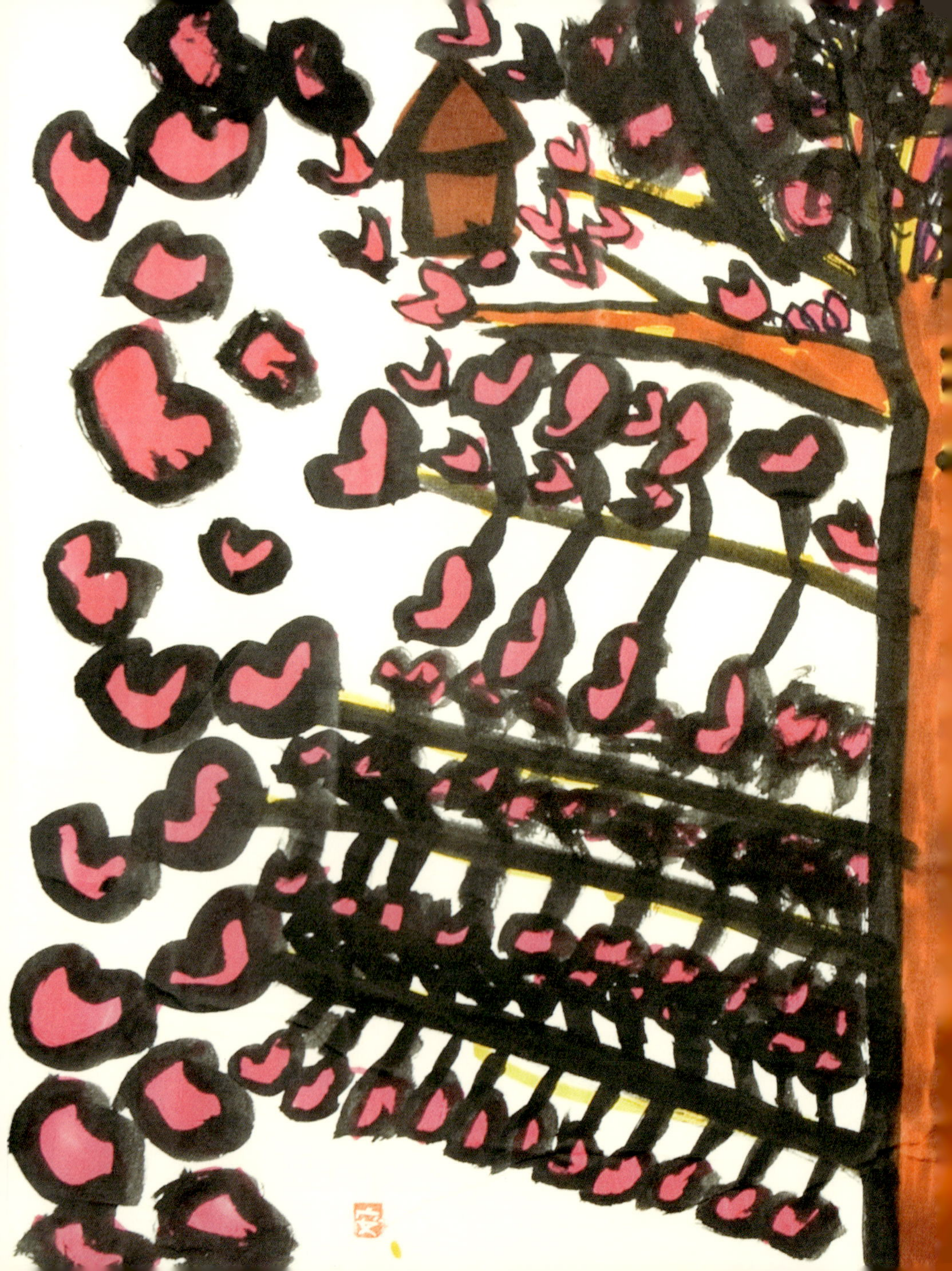

傷つくことを避けて小さく生きていれば、喜びも楽しみもちょっぴりしか得られません。

傷つくことを避けて
小さく生きていれば、
喜びも楽しみも
ちょっぴりしか得られません。

　　いまの若い人たちが怖(おそ)れているのは、失敗することと、責(せ)められることだとすでに書きました。
　　何が何でも傷つきたくないため、自分の将来に壮大な夢を抱く人も減っているそうです。努力しても評価されなかったときのことを考えると、とてもではないけれど怖ろしくて、最初からひるんでしまうようです。
　　これも戦後教育のひずみかもしれません。テストの点数でばかり評価され、個性を伸ばす教育は充分には受けられなかった。自分の意見をのびのびと言う機会や、夢中になれることで達成感を味わうチャンスも乏(とぼ)しかった。だから、自分を表現する楽しさや、がんばってこそ得られる喜びといったものを知らないのでしょう。それにいまは何かと便利な世の中ですから、がんばること自体がそもそも億劫(おっくう)なのかもしれません。ひと昔前に多かった「ど根性」ものの漫画も、いまはあまり流行(はや)りません。
　　私の知人のキャリアウーマンは、いまいる部署の業務でない仕事にも、意欲的にとり組んでいます。職場では変わり者に見られているそうです。「自分の仕事だけやってればいいじゃん。それ以上にがんばったところで給

料が上がるわけでもないのに」といったクールな反応なのだそうです。彼女は「仕事が好きなんだからしょうがないでしょ」と開き直っていると、笑っていました。

同僚たちは夕方になったら早々に帰宅して、自分の時間を楽しみたいのかもしれません。もちろんそれもひとつの生きかた。仕事だけが人生ではありません。

けれど、アフターファイブを彼ら全員がほんとうに有意義にすごせているかは疑問です。街で遊び、家でネットサーフィンして、携帯メールを打って寝るというていどなら、彼女が日々味わっているような「がんばってこそ得られる喜び」とは無縁の毎日になるでしょう。

失敗や努力を避けながら生きるのは、ほんとうはとてももったいないことなのです。

よけいなことに手を出さず、大きな夢も持たない無難な生きかたをしていれば、たしかに傷つくことは少ないでしょう。努力なんて面倒だし疲れるし、それよりラクに楽しめることに目が行くのが人の常かもしれません。

しかしそういう生きかたをしていては、深い喜びや楽しさ、達成感といったものは、まず味わえません。

これもまた「カルマの法則」の一面です。「自分がした分だけ返ってくる」ということは、裏を返せば「自分がした分しか返ってこない」ということでもあるのです。

26 人生には休養も必要です。
とはいえ、怠惰にだけはならないこと。
自分をあきらめてはいけません。

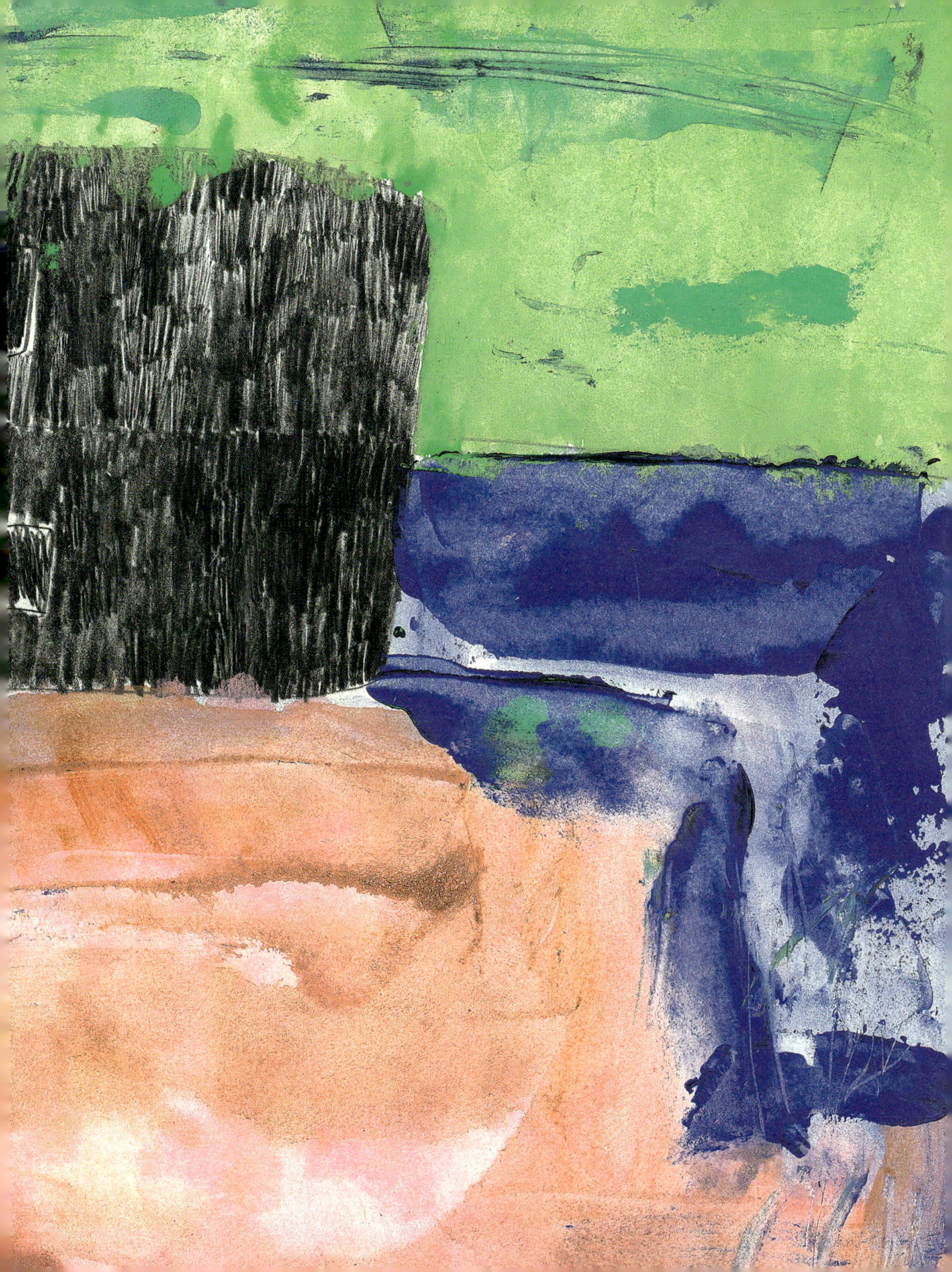

人生には休養も必要です。
とはいえ、怠惰にだけはならないこと。
自分をあきらめてはいけません。

　ふつうに生活できてはいても、「なんだかうつみたい」と言う人が増えています。そうした「プチうつ」状態の人に必要なのは内観（ないかん）です。自分はなぜ憂（ゆう）うつなのか、何をストレスに感じているのかを自分で分析するのです。
　いろいろな原因があるので一概には言えませんが、もやもやが心に広がるのにただまかせていても、何も改善されません。もやもやの正体を見つめ、はっきり言語化してみることが大切です。
　たとえば「毎朝の満員電車が憂うつ」ということなら、もっと早く起きて出社すればいい。「横暴な上司に耐えられない」なら、「大我（たいが）」の心で相手を理解しようと努めればいい。自分が一歩でも二歩でも大人になれば、ちょっとしたストレスは苦にならなくなるものです。
　本格的な「うつ」になりかけて、職場や学校に通えなくなった人たちには、私は「どうしても行きたくないときは行かなくていい」と言います。かたちだけ無理して行っても無意味だからです。
　けれども怠惰（たいだ）になることだけは絶対にいけません。わが子が不登校になったという親は特に、このことを肝（きも）に

銘じてください。家でだらだらさせていてはいけないのです。いまの学校に代わる学びの場を、親は早急に見つけてあげることです。転校してもいいし、フリースクールに通うのもいいでしょう。出社拒否も同じです。いまの職場がつらくてたまらないなら、ほかへ転職すればいい。たとえそれが「逃げ」の転職でも、家でだらだらしているよりは、はるかにいいのです。

　すべてのケースではありませんが「うつ」も重症になってくると、身体を動かすことさえ億劫になってくるそうです。そんなときに一番大切なのは、休むこと。スピリチュアルにみれば、**身体と心とたましいが現実についていけず、「ちょっと待って」と赤信号を出している**ような状態なのですから、しばし立ち止まって自分と向き合う時間が必要なのです。

　その時間のなかで<u>自分の内面を整理しながら、必要な治療やカウンセリングに専念する</u>ことです。仕事熱心に生きてきた人ほど、そういう生活が怠惰に思えて気がとがめるかもしれません。でも、いまできることに一歩ずつとり組むのは、怠惰ではなく、前向きな努力です。

　自分をあきらめてはいけません。どんなときも、そのときの自分なりのベストを尽くしていれば、やがて光は見えてきます。

27

人生の主人公は自分自身。いい意味での「自分主義」で生きましょう。

人生の主人公は自分自身。
いい意味での
「自分主義」で生きましょう。

　「傷ついた」と人が言うとき、その原因に、本人の甘えや依存心が潜んでいることがよくあります。
　たとえば、「恋人に失望させられて傷ついた」、「友だちが別の子と仲よくなったので傷ついた」、「親があんな人間だと知って傷ついた」というような場合です。
　これらはそれぞれ、「恋人に自分の理想の人であってほしい」、「ずっと私だけの友だちでいてほしい」、「完璧な親であってほしい」という期待が自分のなかにあったから、傷ついたのです。期待というと聞こえはいいけれど、この種の期待というのがくせもので、往々にして一方的で、自分勝手なもの。そこにあるのは相手に対する、「こうあってほしい」という依存心です。
　好きな相手、尊敬する相手、親密な相手には、人はつい迎合したり、自分より相手を優先させたりしたくなるものかもしれません。しかしそれが行きすぎると、自他を混同して、間違った依存心まで持ってしまうのです。そのうち自分の人生の主人公が自分でなくなり、相手にふりまわされ、傷つくことにもなりかねません。
　人とどんなに仲よくなっても、孤独に強いあなたでい

てください。これはとても大事なことです。「この人がいなくなったら自分はどうしたらいいだろう」と思う相手がいるなら、あなたはその人に依存しているのだと自覚しておくこと。人生の主人公は自分。いい意味での「自分主義」で生きるべきなのです。

　もちろん、人と仲よくなり、心を通わせるのはとてもいいことです。人間関係は「磨き砂」だからです。

　しかし自分の人生よりも、相手との関係を重視して生きるのは、間違いのもとです。遅かれ早かれ何らかのトラブルが生じるでしょう。「磨き砂」は、あなたのたましいを磨くためにあるのであり、「磨き砂」のためにあなたが生きているわけではないのです。まして「磨き砂」のためにあなたがぼろぼろになるようでは、本末転倒だと言わざるをえません。

　<u>相手の人生の主人公はあくまでも相手ですし、あなたの人生の主人公はあなたです。</u>それをちゃんとわかっていれば、どんな相手とも調和できるあなたになれます。

　なにごとにも「右へならえ」になりやすい日本人は、自分を主人公として生きるのが苦手です。しかし、**ほんとうの自由や幸せは、孤独に強い「自分主義者」にしか訪れません。**人とも調和でき、自分ひとりでいても充足できる、大人のたましいを目指してください。

第1章　傷つくあなたへ30のメッセージ

2

8 過去に誰かを傷つけたことを悔いているなら、
心から相手に謝罪しましょう。
いまからでも決して遅くはありません。

過去に誰かを傷つけたことを
悔いているなら、
心から相手に謝罪しましょう。
いまからでも決して遅くはありません。

　過去に誰かを傷つけてしまったことが、いま深い傷になっているという人も、きっと多いと思います。

　たとえば、子どものころ、近所の友だちを仲間はずれにしてしまった。

　中学校の「ウザい」クラスメイトをみんなで無視した。

　職場で後輩いじめをし、退職に至らせてしまった。

　口には出せなくても、人それぞれに苦い悔恨(かいこん)を残す過去が、ひとつやふたつあるものかもしれません。

　自分自身はいじめに参加していなかったけれど、いじめられていたクラスメイトが自殺した。そんな過去がある人も、見て見ぬふりをした自分をいつまでも悔(く)いているかもしれません。

　親友が仲よしグループのなかで無視され始めたとき、自分も巻き添えにされたくないから、その親友を遠ざけてしまった。そんな過去がある人も、保身に走った自分をいつまでも責(せ)めているかもしれません。

　そうした過去を悔いるとき、「もう遅い」とあきらめてはいけません。いまからでも、とにかく心から相手に謝罪することが大切です。

勇気が要ることかもしれませんが、相手に会って謝るのが一番です。**後悔の念を悶々と抱え続けることに比べれば、一瞬の勇気など何ということはないはずです。**

　相手はすでにこの世にいないということもあるでしょう。生きていても、いまどこに住んでいるかわからないかもしれません。そういう場合は相手を心にしっかりイメージして、誠心誠意「ごめんなさい」と謝ること。あなたの真剣な念は、時空を超えて、必ず相手のたましいに届きます。念というのは、物理的な制限をまったく受けないスピリチュアルなエナジーだからです。

　手紙を書くのもいいでしょう。住所がわからないなら、手紙自体は相手に届けなくてもかまいません。大事なのは、心をこめて書くことです。書いている最中の思いが真剣なら、相手のたましいにちゃんと届きます。

　そして、あなたのこれからの人生を、その過去の償いをするために生かすことを考えてください。

　たとえば、いじめで苦しむ人の相談相手になる。世の中からいじめをなくすための活動に力を尽くす。人々の心が平和で愛に満ちたものになるよう、芸術的な表現活動をするという道もあります。

　今日からのあなたの生きかたしだいで、苦い過去のカルマは清算されるのです。

傷つくというのは、実は「傲慢」なことともいえるのです。

「小さき者」としての謙虚さがあれば、

傷つくことはありません。

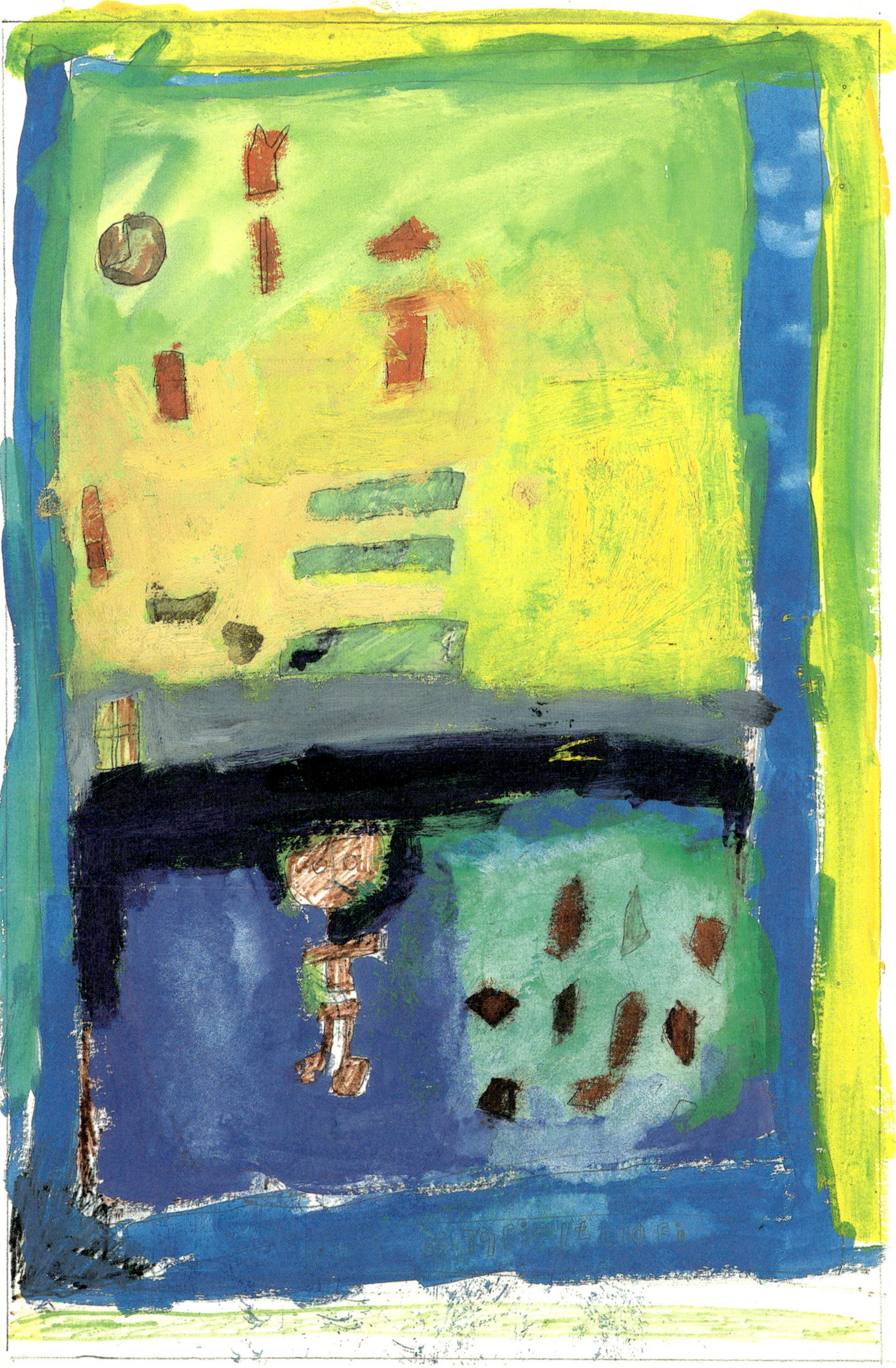

傷つくというのは、
実は「傲慢」なことともいえるのです。
「小さき者」としての謙虚さがあれば、
傷つくことはありません。

　　この世に生まれた私たちは、みな未熟者です。学び足りない課題が一人ひとりにあり、それにとり組むために日々を生きているのです。
　　その意味で、生きるというのは「無知を知に変える」プロセスだといえるでしょう。知らないことがあるのは、いわば当然のこと。経験と感動を積むなかで、少しずつ叡智（えいち）を得ていくのが、私たちの人生です。
　　それなのに私たちは、未熟さゆえに、傲慢（ごうまん）でもあります。自分はまっとうな人間であり、自分の人生は順風満帆（じゅんぷうまんぱん）なのが当然だと、心のどこかで考えているのです。そしてみずからの「分（ぶん）」をわきまえず、分不相応な生きかたをしがちです。
　　厳しいようですが、だから傷つくのです。
　　そして自分の傲慢さに気づかないから、転んで傷ついても、まわりのせいにしてばかりになってしまいます。
　　傲慢さをますます助長しているのは、物質主義的価値観でしょう。「傷つくのは傲慢なことともいえる」と理解するためには、スピリチュアルな価値観、すなわち霊的真理を深く得心する以外に、道はないかもしれません。

あなたはこれまでにさまざまな苦難を乗り越え、人生に対する深い智恵をそなえてきたかもしれません。しかしいまこの世に生きているということは、まだまだ成長途上の「小さき者」だということの証(あかし)です。

あなたはこれまでに努力して、多くのことを達成してきたかもしれません。しかし周囲の人たちや、目に見えない霊的世界のスピリットたちのサポートがなければ、いまのようには生きていられません。しょせん限られたことしかできない「小さき者」なのです。

<u>「小さき者」としての自分を受け容れられるようになれば、素直で謙虚な心になり、傷つかなくなります。</u>

たいした人間ではないのですから、誰かにお説教されても苦になりません。むしろ「こんな私に教えてくれてありがとう」と感謝できます。

たいした人間ではないのですから、トラブルが生じてもまわりのせいにしません。むしろ自分を鍛(きた)えに来てくれた試練だと感謝し、真摯(しんし)にとり組めます。

これこそ無敵の強さを持った、この世で一番幸せな人間のありようではないでしょうか。

自分を傷つけるのは、他人や世の中ではなく、自分自身の傲慢さかもしれない。そう思えるあなたなら、今後の人生をよりいっそう豊かなものにできるでしょう。

3

傷ついたあなたは幸いです。

なぜならその分、

早く「目覚める」チャンスを得たからです。

傷ついたあなたは幸いです。
なぜならその分、
早く「目覚める」チャンスを
得たからです。

　本書の読者には、過去に深く傷ついたことがある、またはいまとても傷ついているという人が多いかもしれません。そんなみなさんに送る最後のメッセージ。それは、「あなたは幸いな人です」という、心からのエールです。
　なぜ「幸い」かと言うと、**その経験がまだない人たちよりも、一足早く目覚められた**「先駆者(せんくしゃ)」だからです。
　すでに書いたように、「傷つく」という経験と感動は、他人に対する理解や思いやりを育(はぐく)みます。相手に仕返ししたり卑屈(ひくつ)になったりしなければ、たましいがピカピカに磨(みが)かれ、大いに成長できるのです。
　怖(おそ)ろしい事件ばかりが続き、「心の乱世(らんせ)」とも呼べそうな昨今(さっこん)において、あなたに起きた問題は、実はこの国全体、地球全体の問題です。ですから遅かれ早かれ、みんなが同じような思いをするかもしれないのです。
　いまの世の中を、誰もいいとは思っていません。人々の持つ「悪魔の心」がどんどんむき出しになり、人と人との関係がどんどん殺伐(さつばつ)としていくのを、誰もが無意識のうちに感じとり、危機感を覚えているはずです。
　第2章で詳述(しょうじゅつ)しますが、現代人が目に見えないもの

への敬いをなくし、物質主義的価値観の世の中に変わったことが、すべての元凶なのです。そんなことも、私たちはみな、どこかでちゃんとわかっています。

しかし人間は弱い生きものなので、一度はまった物質的な便利さからはなかなか抜け出せません。物質的な欲望の暴走も止められません。みんながみんな、便利さや欲望にふりまわされ、止まらないジェットコースターに乗っているかのようです。

そんな状態では、社会のありかたどころか、自分自身の毎日をふり返るゆとりもないでしょう。

それでも心が何かに深く傷つくと、人は立ち止まってふり返ります。<u>「そもそも自分って何なのか」、「何のために生きているんだろう」と、改めて深々と内観する</u>のです。楽しいだけのお祭り騒ぎのような毎日では、そういう時間はまず持てません。

傷ついて立ち止まる時間は、この世の価値観では「負け組」の悲しい姿かもしれません。しかしスピリチュアルな価値観では、この上なくありがたい恩恵です。

<u>早く目覚められたことの幸いを思ってください。</u>そこからあなた自身が作る真の人生が始まります。世の中を立て直すために自分を役立てる「大我」の生きかたも、あなたの心ひとつで選べるのです。

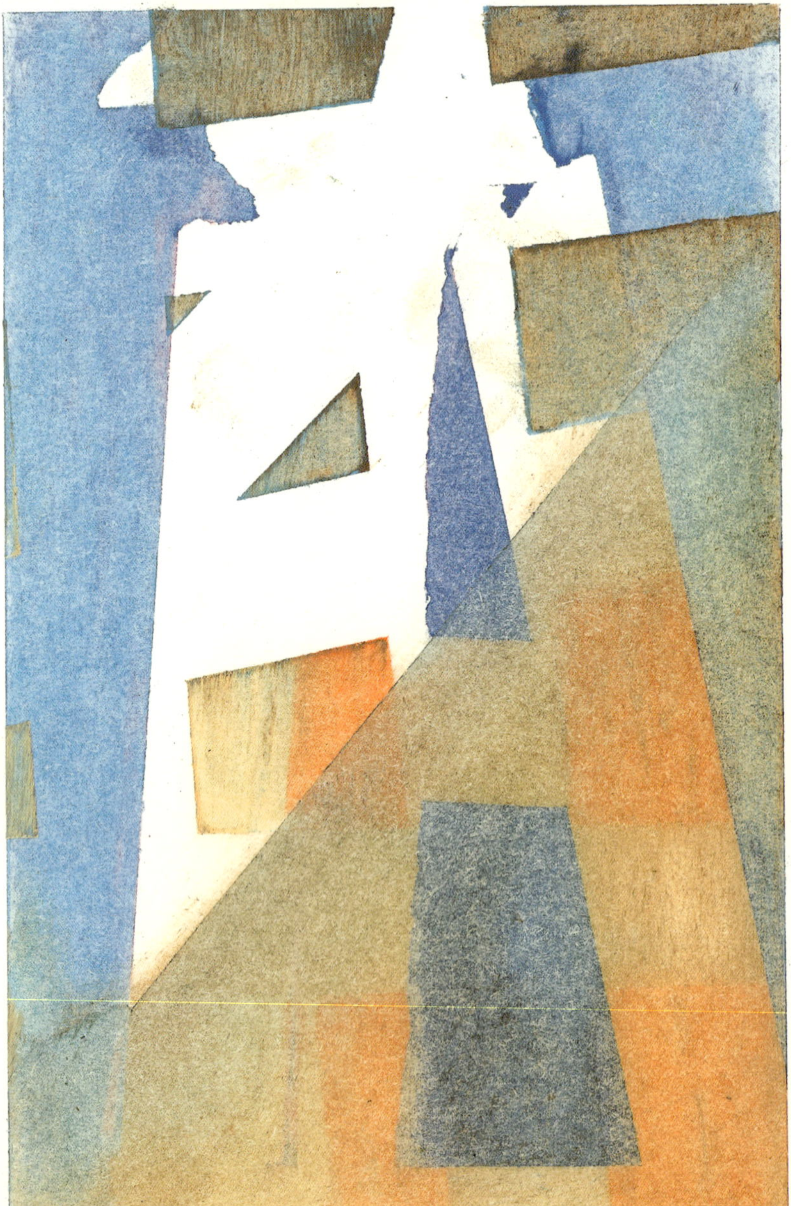

第2章
傷つけ合う社会に終止符を

戦後、多くの日本人が受けた
物質主義的価値観の洗礼

　前章では、人が傷つくということについて、なぜ傷つくのか、傷つける人はどういう心理なのか、それをどう受けとめ、乗り越えたらいいのかなどについて書いてきました。

　人と人が傷つけ合うということは、個人的な関係のなかで起きることです。しかし前章を書くなかで、何度も「いまの社会」にふれることになりました。それは、過去にないほどの「傷つけ合い」が起きている原因が、私たちの心に影響している社会にもあるからです。この章ではその社会の現状を、さらに深く見ていきましょう。

　まず、なぜこのような時代になったのか。これについては日本の戦後の歴史をざっとふり返る必要があります（詳しくは拙著『子どもが危ない！』集英社）。終戦を境に、日本人の精神性は大きく変わってしまったのです。

　戦前の日本人は、目には見えないけれど、私たちを見守り導いている尊い存在を信じ、畏敬の念を抱いていました。お天道様、ご先祖様、神様仏様など呼びかたはさまざまでしたが、ひとことで言えば、この世の宗教の枠を超えた広い意味での「神」でした。人智を超えた、大自然をも司るその存在に比べれば、人間はちっぽけで未熟な存在でしかない。そういう謙虚さがあったのです。

　ところが終戦を機に、それまでの価値観はみごとに覆されました。戦前の価値観は間違いだったと言われ、ＧＨＱ（日本を占領した連合国軍最高司令官総司令部）からまったく新しい教育がもたら

されました。人々は何を信じたらいいのかわからなくなり、自信を失いました。「神」への信仰もなくしていきました。目に見えないものは不確かなものとしてしだいに忘れ去られ、代わりに、かたちを持ったものやお金が崇められるようになっていきました。

もっとも終戦直後は、そういう心も焼け跡でたくましく生き延びるのに必要なものだったかもしれません。しかし戦後の十数年で日本がみごとに復興を遂げてからも、この価値観は根強く残ることになりました。生きていくにはお金が大事。出世して稼ぐことが人生の幸せ。出世に必要な学歴を身につけさせることが、親が子にしてあげられる最高のこと。それが処世訓のようになったのです。

やがて高度経済成長期を迎えました。どんどん「豊か」で「文明的」になっていく生活に気をよくし、人々は物質主義的価値観をますます強めていきました。この時期に働き盛りだった世代を、私は「物質信仰世代」と呼んでいます。物質主義的価値観の洗礼をまともに受けた人たちです。昭和一桁生まれから、終戦直後に生まれた「団塊の世代」までを含みます。

いまの社会のリーダーは「主体性欠如世代」

「物質信仰世代」が結婚して生まれた子どもたちが「主体性欠如世代」です。昭和30年代生まれを中心とする人たちです。

お金や教育を子に与えることが一番の愛だと信じる親に育てられた彼らの多くは、いい学歴や出世をつかむために必要なものは何でも買い与えられ、何もかも親だのみで育っています。そのため主体性がなく、生きるバイタリティにも欠けがちです。親だのみのわり

に、ほんとうの愛を注がれていないのも特徴です。親から与えられたものは、成績がよければ「いい子」、親の期待に応えられないのは「だめな子」という、条件つきの愛でした。

彼らは親の物質主義的価値観を引き継いでいるため「真善美」という価値基準に欠けがちで、人の気持ちを推し量る感性も貧弱です。人間的感性の乏しい「フランケンシュタイン世代」なのです。

時代は進み、いま日本社会をリードしているのはこの世代です。どの分野でも、上に立っているのはほぼこの世代でしょう。私自身、この世代の生まれです。

では、いまの30代以下の若者や子どもたちはどうでしょう。彼らを私は「無垢世代」と呼んでいます。よくも悪くも純粋無垢なたましいを持つ人が多いからです。いわゆる「団塊ジュニア」や、「主体性欠如世代」の子どもの世代がこれにあたります。

祖父母は「物質信仰世代」、両親や先生は「主体性欠如世代」ですから、彼らは実にたよりないリーダーしか持たない気の毒な世代です。リーダーが物質主義的価値観ですから、人間としてあるべき心が育まれていないのです。だからさまよっているのでしょう。

私は「物質信仰世代」や「主体性欠如世代」を悪者だと言いたいのではありません。生まれるたましいはいつの時代も同じです。しかしたましいは、時代の空気に染まるのです。動植物と同じように、人間のたましいも、生きる環境にまともに影響されるのです。

とはいえ、ある時代に生まれることは、各自のたましいがみずから選んだ「宿命」です。そして誰もが、生まれた時代に染まりながらも永久不変の真理を見出していくという大きな課題に挑むのです。

低級自然霊化してしまった現代の日本人

　私たち人間のたましいは、神から分かれたものです。難しく言えば、「人霊は神の分霊である」ということです。神と言っても、この世の宗教が言う神や、漫画に出てくるような人格を持った神ではありません。私たち人霊を含む宇宙のすべてのたましい、すなわち「大我」の中心にある、もっとも崇高で純粋な霊のことです。

　私たちはみな神の一部なのです。その証拠に、誰に教わったわけでもないのに、美しいものを見ると感動します。ドラマに感動して思わず涙することもあります。なぜならそこに神を見るからです。神のエナジーである「愛」や「真善美」を、たましいが感じとるからです。電車で立っているお年寄りを見た人がさっと席を譲るのも、その人の内なる神が、損得勘定を超えて発揮されるからです。

　人間はエゴ（小我）に走りがちな弱い存在ですが、こうした神の部分（大我）を大切にして生きていれば、世の中に問題は起きません。ところが戦後、物質主義的価値観に染まった私たちは、目に見えるものに心を奪われ、神の存在をどんどん忘れていきました。神のかけらをたましいに宿していることが人霊の特徴なのに、その神から心を離してしまったのです。そのためにいま、ゆゆしいことが起きています。「人霊の低級自然霊化」です。「愛」や「真善美」がわからない低級自然霊同然になりつつあるのです。

　自然霊というのは、この世に姿かたちを持ったことのない霊のことです。身近なところではお稲荷さんがそうです。龍神、天狗と

呼ばれる霊や、花や草木に宿る妖精もみな自然霊です。

　自然霊にも高級なものから、人間に悪戯(いたずら)をする低級なものまでいます。神というのも自然霊で、もちろん最高級の自然霊です。

　いま起きている問題は、高級自然霊がこの世から離れてしまったことです。見捨てたのではありません。低俗化していくこの世の波長に同調できなくなり、離れざるを得なくなったのです。

　代わってはびこりだしたのが低級自然霊です。低級自然霊は低い心境を持つ人間たちのたましいに感応(かんのう)し、憑依(ひょうい)して、さまざまなトラブルや事件を引き起こしています。これが私の言う「人霊の低級自然霊化」なのです。

人間らしい情愛が消えた

　自然霊と人霊の最大の違いは、その増えかたです。人間は子どもを出産することで増えていきます。そのため自然に、理屈を超えた親子の情愛を持ちます。「出来の悪い子ほど愛おしい(いと)」といった心情がその典型でしょう。親子の情愛を知る人間は、血のつながらない他人とも情愛を通わせることができます。憎しみも持ちますが、これもまた愛の裏返しなのです。

　ところが自然霊は、「分霊」と言って、細胞分裂のように増えていきます。そのため情愛らしいものがありません。白は白、黒は黒というデジタルな判断しかないのです。よく「お稲荷さんに願いを叶(かな)えてもらったら、ちゃんとお礼参りをしないと痛い目に遭(あ)うよ」と言われますが、それは、自然霊であるお稲荷さんには「祀(まつ)ったら助ける」、「礼をしなければ祟(たた)る」という両極端しかないからです。

いまの人間はこれと近くなっています。だから理不尽な殺人事件が増えているのです。殺人そのものは昔からありました。しかしひと昔前までの殺人は、愛憎の入り交じった人情がらみのものが大半でした。いまの殺人犯たちがよく言う「殺してみたかった」、「誰でもよかった」という動機には、人間くささが感じられません。
　親子の情愛も薄れていて、親子間の虐待や暴力、殺人事件が後を絶ちません。人霊でありながら親を親とも思わない、子を子とも思わない感性になってしまったのです。
　「人霊の低級自然霊化」を防ぐ一番の道は、「愛」と「真善美」の大切さを私たちが再認識することです。意識して美しい音楽を聴く、花を部屋に飾る、大自然にふれる、人に親切にする、そういうふうに一人ひとりが心がけるだけでもずいぶん世の中は違ってくるはずです。神にふれることで内なる神の感性が呼び覚まされ、一人ひとりの波長が上がり、結果として社会の波長も上がるのです。
　いまの世の中では、ふつうの感性を持った人でも、無自覚に毎日をすごしていれば真善美から離れていくばかりです。満員電車にはイライラした乗客ばかり。オフィスビルには自然の風ひとつ入らない。街には醜悪な看板が林立し、わずかに見える空も汚れている。耳に入るのは騒々しい音や声。テレビを見れば物騒なニュースや下品な笑い。息抜きに楽しむゲームの世界では殺人が当たり前。
　これではいつ何が起こってもおかしくはないのです。うつになっても不思議はないのです。うつは「心の風邪」とよく言われますが、私は「神へのホームシック」だと思っています。神から心を離さなければ、私たちはこれほどまでに迷子になりません。

身体と心を破壊する
「眠らないウサギ」という人生

　物質主義的価値観の親を持ち、生まれたときから経済至上主義社会や学歴偏重社会の空気を吸っている「主体性欠如世代」と「無垢世代」の特徴を、さらに詳しく見ていきましょう。

　彼らの多くは、いい学校を出ていい会社に入る「出世コース」の人生を親に期待され、競走馬のように育てられています。

　親たちの願いは、物質主義的価値観から見た「幸せ」な人生を、わが子が歩むこと。しかしその願いはほんとうの愛から来るものではありません。ひとつには「エリートを子に持つ親として、誇らしい思いをしたい」という虚栄心からです。

　「出世した子どもたちに、老後は経済的にもラクさせてもらいたい」といった、見返りを期待する思いもあるのでしょう。つまり、「ラクな老後」は、投資した教育費の分、当然回収できるものと思っている節があります。子どもにも「出世すればラクができる」という考えを植えつけるかもしれません。要するに、ウサギかカメかで言えば、ウサギになることが多くの親の望みなのです。カメのように努力を重ねる味わい深い生きかたではなく、一等をとり、あとはいばってラクに暮らせるウサギに育てたい。その思いには「ラク」な人生が結局は幸せだという怠惰な価値観が潜んでいます。

　もちろん『ウサギとカメ』の物語のように途中で眠ってしまえばカメにも負けてしまいますから、親たちは「眠らないウサギ」になるよう子どもに強います。

「眠らないウサギ」コースを歩まされる子どもたちの生活は過酷です。塾に習いごとにと、へたすると大人以上の忙しさです。つねに競争、競争でゆとりがなく、睡眠時間さえ削られます。

　走り続けられる子もいれば、途中で挫折する子もいます。しかし挫折をきっかけに自分らしい人生に目覚められた子は、むしろ幸いかもしれません。順調に走り続けたまま大人になると、その後もエリート路線から脱落しないよう走り続けることになるからです。結局いつになっても「ラク」などできません。仕事漬けの毎日では、身体や心を病む人も出てくるかもしれません。しかしそれによって早々に自分らしい人生に切り替えられた人は、やはり幸いなのです。

　一番怖いのは、一度も挫折することなく走り続ける人たちかもしれません。挫折を乗り越えることで人間は強くなるのに、若いときにその機会がなかった人は、かなりいい年になってから、ささいなことでも立ち直れないほどの大打撃を受けてしまいやすいのです。

「眠らないウサギ」の人生も、行きすぎればいつか身体か心を病むかもしれないのは、人間らしい生きかたではないからです。勉強という一点にだけ秀でることより、総合的な「人間力」を育むことのほうがはるかに大事だということを、ウサギの親たちは知るべきです。

封印されていく個性

　日本には、知識はあっても教養のない大人がたくさんいます。文化的な催しに関心を寄せ、芸術的な話題を楽しめる大人は、特に男性のなかにどれほどいるのでしょう。勉強や仕事ばかりしていても、

そこから得られるものは「知識」であって、人生を豊かにしてくれる「教養」ではありません。しかし物質主義的価値観では、教養は出世と関係ないものとして切り捨てられがちのようです。

　教養がないのは、人生を楽しめないということでもあります。だから現代人は、よけい挫折に弱いのです。第1章に書いたように、「自分にはこの世界がある」という趣味やライフワークを持っていれば、人間、ささいなことではそう挫折しません。

　「自分にはこの世界がある」どころか「自分はこういう人間だ」ということすらわかっていないのが、「主体性欠如世代」と「無垢世代」です。テストの点だけで評価され、「あなたにはこういう個性がありますね。大事に伸ばしていきましょう」といったぬくもりのある指導を、学校でも家庭でも充分には受けてこなかったからです。

　どの子どもにも生まれ持った個性があります。白紙状態で生まれてくる子はいません。その証拠に、赤ちゃんは一人ひとり違います。性格も興味もすでにオリジナルのものを持っています。就学するころにはより明確にそれが発揮されます。勉強が不得意でも足の速い子、面倒見のいい子、人を笑わす子、好きなことにはすごく集中できる子、発想のユニークな子など、実に千差万別です。

　ところが大人たちは、子ども一人ひとりの個性を見つけ、本人にそれを誇りに思わせ、よりよいものに育ててあげようという教育をしません。一律の基準で競争させ、いい成果を収めた子をいい子、優秀な子として評価するばかりです。

　子どもの個性はそうしたなかで封印されていきます。そのため「大人が望むいい子、優秀な子でなければだめな人間で、価値はな

いんだ」という強迫観念にうなだれて生きることになりがちです。

　第1章で書いたように、いまの若い世代が、失敗すること、責められることを極端に怖れているのはそのためです。自分自身を「増益を期待されている株」と見なしているので、ちょっと叱られただけでも「ああ、自分の株価が下がってしまった」となるのです。

　いわゆる「嘘つき症候群」も、若い世代に増えています。日常的に平気で嘘をついてしまうのも、失敗を怖れる心から来ています。会話ひとつにも失敗したくないから、本心を偽ってでも、目の前にいる相手につい合わせてしまう。自分の意見がどうかより、相手の顔色をうかがってしまう。そして相手が喜ぶ答えが「正解」だと思い、「正解」を言えたときはほっと胸をなでおろします。

　それというのも、彼らが大事だと植えつけられてきたのは、自分の意見を持つことではなく、「正解」を言うことだからです。

自分の意見がわからない

　「主体性欠如世代」と「無垢世代」が自分の意見を言えないのは、つねに「正解」を求められてきたからだけではありません。そもそも自分の意見がわからないのです。自分の意見を持つ訓練をしてこなかったし、持たなくても生きてこられたからです。

　彼らの親は、高い学歴や出世をつかむために必要なものは何でも子どもに買い与え、勉強に集中してもらうため、その他のことは手とり足とり、何でも先まわりして面倒を見ます。だから彼らは、少なくとも親元にいるあいだは、自己表現しなくてもほとんど不自由なく生きていられます。

しかし家の外ではそうはいきません。どこへ行っても自分を主張しなければならない場面ばかりです。自分の意見を持ち、それを人に伝えたりする訓練ができていない彼らは、どうしたらよいかわからず、ある人は鬱々(うつうつ)と自分にこもる「自傷(じしょう)タイプ」になり、ある人は簡単にキレるようになります。不安のあまり依存症になる人、対人恐怖症になる人もいます。かたちはいろいろですが、いずれにしても深刻な「コミュニケーション不全症候群」です。

　ところで、最近キレる若者や子どもが増えているということについて、私は「孤食」の一般化も大いに関係していると思っています。多くの家庭で、いま家族の食事時間がばらばらです。子どもひとりでの「孤食」も珍しくないようです。そうした環境では、子どもは人と会話をする訓練ができず、ボキャブラリーも増えません。

　また、ひとりで食べることに慣れすぎてしまうと、他人の前でだんだん口を開けなくなり、極端になると、やがて摂食障害に至ることもあるようです。かつての相談者にも「他人といっしょに食事できない」という人が山ほどいて、それが理由で恋愛や結婚もできないと悩んでいました。他人の前で口を開くということは、相手に心を開くこととイコールなのだと思います。「孤食」の日常化は、心まで閉ざしかねないのです。さらに「孤食」は食事の質も低下しがちで、キレやすい脳を作るという指摘もあります。

　子どもの「孤食」は実に多くの問題をはらんでいるのです。

過保護育ちほど傷つきやすい

　失敗を怖れる「主体性欠如世代」と「無垢世代」は、自分の将来

に大きな夢は持ちません。挫折して傷つくことを最初から避けてしまうのです。若いうちから夢も持たないなんて、かわいそうなことです。若さゆえのエナジーが、自分のなかで悶々とたまるだけになるのですから。その苦しさを、他人へのいじめとして発散してしまう人もけっこういるのではないでしょうか。

　失敗を怖れるのは、彼らの親が子どもに失敗を経験させなかったせいでもあります。勉強面では「眠らないウサギ」コースをひた走るという危険を冒させながら、ほかの面ではものすごく過保護なのです。友だちとの関係にも過干渉で、わが子のまわりに親がバリアを張ってしまいます。けんかして怪我して帰ってこようものなら、相手の親や幼稚園、学校をヒステリックに攻撃するような「モンスター・ペアレント」もいまや珍しくありません。

　子どもは過保護にしてはいけないのです。私はつねづね「子どもは親だけで抱え込まず、放牧して育てましょう」と言っています。「放牧」というのは、できるだけさまざまな人間にふれさせ、さまざまな経験と感動を積ませる育てかたです。子どもがつき合う友だちを親がえり好みしたり、行動に制限を設けたりしすぎると、人間としてのたくましさややさしさはなかなか身につきません。過保護に育てる親は「子どもを傷つけたくない」と言うかもしれませんが、無傷かつ無菌状態で育てようとすればするほど、皮肉なことに、逆に「傷つきやすい」弱い人間を作ってしまうのです。

　世の中の多くの親が口をそろえて言うのは「思いやりのある子に育てたい」という言葉です。それで過保護にするのは大いなる矛盾です。思いやりのある子に育てたかったら、傷つく経験、失敗する

経験を、子どものうちからたくさんさせるべきなのです。

家族を見直すべきとき

　いままでの話は「主体性欠如世代」と「無垢世代」の全員にあてはまるわけでは、もちろんありません。この世代に生まれていても、たくましい「人間力」を持ち、自分の意見をきちんと言え、大きな夢に向かっている若い人たちもたくさんいます。

　概して言うと、それは「愛の電池」が充実している人たちです。特に、信頼のおける心通う理解者がいれば、その絆（きずな）が生きていくベースとなり、めったに問題は起きません。

　想像してみてください。サザエさん一家のように朗（ほが）らかに食卓をかこむ家に問題は起きるでしょうか。カツオがうつになったり、ワカメちゃんが拒食症になったりするでしょうか。ギャンブルにはまるマスオさん、バーチャルな殺人ゲームにはまるタラちゃんを想像できるでしょうか。もちろん、あのような昭和の家族像を現代によみがえらせることが困難なのは承知しています。だからこそ、「地域が家族になる」ことを、私はつねづね提唱しているのです。
「遠くの親戚より近くの他人」と言います。他人と言っても、スピリチュアルな視点で見れば、みな「たましいの家族＝類魂（るいこん）」です。類魂として理解し合い、支え合い、励まし合うような新しい家族関係を地域社会に作れたら、どんなに日本は明るくなるでしょう。

　地域のコミュニティの復活、グループホーム建設などの動きが活発になっているのは、とてもいいことだと思います。

　日本人の家族観を、変えるべきときが来ているのです。

便利信仰とインターネットが
あぶり出した「悪魔の心」

　戦後の経済成長のなかで、日本人は物質面ではかなり豊かになりました。「もう充分」と思えるくらい、私たちは便利なものがあふれるなかで暮らしています。
　それでも人間の物欲は止まりません。きりがないのに際限なく求め続けています。そもそも人間の心は、どれだけものを得ても満足しないのです。人間の心をほんとうに満たすのは愛だけ。「愛の電池」がたまっている人は、心が充分満たされているので、ものをあまり必要としません。しかし現代人の多くは「愛の電池」が枯渇しているので、「もっともっと」となりがちなのです。
　そこへ「便利」なものが次々と世に出るから大変です。「人は易きに流れる」と言うように、人間は「ラク」をもたらすものにとことん弱いもの。企業もそれを提供すれば喜ばれ、お金ももうかるので、手を替え品を替え世に出します。
　その結果がどうでしょう。いまの日本人は「なくてもいい便利」にふりまわされて生きていると言えないでしょうか。
　ついこのあいだまでは、なくてもちっとも不自由していなかった。けれどもそれを使い始めたら、それなしにはいられなくなった。そういう「便利」なものを、あなたもすぐに10品目以上は挙げられるのではないでしょうか。
　企業が便利なものを世に出すのは、第一に会社の利益のためです。もちろんほんとうに役に立つものもたくさんありますが、全部が全

部、真の幸せや豊かさを私たちにもたらすとは限らないことを、消費者として理解していなければなりません。
　「便利はよきこと」と信じて疑わない人は多いでしょう。しかし私は、なくても生きていける「便利」は便利のうちに入れないほうがいいと思います。あってありがたい「便利」は、交通や通信、医療などの分野に限られるのではないでしょうか。その分野のものでも、サラリーマンの残業を増やす深夜バスや、携帯電話の過剰な機能などは、必要な便利に入らないと思います。

「便利」の大きすぎる代償

　「便利」の怖さは、私たちがすぐにそれに慣れきってしまうことです。無自覚のうちに「便利」なものに染まってしまうのです。
　私が子どものころ、3分間でできるカップ麺のテレビコマーシャルが初めて流れ、日本じゅうを驚かせたものです。画期的な発明だったでしょうし、それ自体は否定しません。けれども、人々の考え方までもが「何でもすぐにできるのが当たり前」という発想になってしまったのが問題なのです。これを私は「インスタント脳」と呼んでいます。雑誌や本でも「あなたも1週間でマスター！」、「この方法なら3日でやせる！」などとうたったハウツーものがありがたがられ、「インスタント脳」に拍車をかけました。
　「インスタント脳」に陥ると、人間は努力がいやになります。すべてに即効性を求め、プロセスを味わうゆとりを持てなくなるのです。何かに失敗したときも、じっくり立て直すことができません。すぐにキレ、短絡的に「自分はもうだめだ」と決めつけてしまいます。

「便利」と引き替えに、人と人のふれ合いもぐんと減りました。私が子どものころは、お風呂のない家、電話のない家がたくさんありました。家にお風呂がない人は銭湯に通いました。電話のない人は「呼び出し電話」と言って、電話のある家に借りに出かけました。銭湯や呼び出し電話は、近隣同士のコミュニケーションの場であり、子どもたちにとってはマナー教室でもありました。
　醬油がなくなれば隣に借りに行くといった、ちょっとした助け合いも日常茶飯事でした。頭を使ってほかで代用する工夫もしました。その結果、意外と美味しいものができる「怪我の功名」もありました。しかしいまは24時間営業のスーパーやコンビニがあるので、そうしたドラマは生まれません。助け合い、創意工夫、臨機応変さ、すべて無用のものとなりました。何もかもが、私たちが心や頭を使わない方向に進んでいるのです。
　人とのふれ合いが多かった時代には、自分が一歩引いてでも相手を重んずる心、相手の気持ちを想像する感性というものが、ふつうに生活しているだけでも培われたものでした。いまや「便利」がそれらの機会をなくし、誰とも話さなくても、どこにも出かけなくても用事を済ませられる社会を作り出しつつあります。
　そこで育つのは、他人とどう接したらいいのかわからない、けれども心は寂しい「コミュニケーション不全症候群」の人々なのです。
　こんなに人間があふれているのに、一人ひとりの心が寂しい世の中は、どこかいびつです。幸せ（ただし物質面）の基準を上げすぎて、後戻りできなくなった私たちは、何とも不自由です。みんなの心にあるそういう漠然とした思いが、映画『ＡＬＷＡＹＳ　三丁目

の夕日』などの昭和30年代ブームに結びついたのかもしれません。あの映画にある、過剰なまでに熱くて濃い人間関係は、ほんの30〜40年前の東京の真ん中にあった現実です。映画を観て、「これこそがほんとうの幸せだ！」と思った人も多いでしょう。もちろん当時の人々にも不満はあったはずですが、それをみんなで笑い合う余裕がありました。慰め合い、励まし合うあたたかさがありました。問題を一人ひとりが抱え込み、限りなく内にこもっていく、いまの日本社会のような不健康さはありませんでした。

「便利」が日本を急激に変えてしまったのです。

人間の心を壊すインターネット

「便利信仰」が生み出した最大の刃物がインターネットであると、私は思っています。刃物の使い方を間違うと人を殺めてしまうこともあるように、インターネットもまた両刃の剣なのです。

インターネットは使い方しだいでは人の心を壊しかねません。好きな時間に好きな情報を、好きなだけ、ただで見られる。ほかのメディアでは得られないきわどい情報も得られる。この「便利」さ、麻薬的な魅力に、多数の日本人がはまってしまったのです。

その結果、家族がますますバラバラになりました。いっしょに食卓についていても、一人ひとりが自分の携帯電話を見て、会話もせず、指だけをせっせと動かす家庭もあるようです。テレビのない時代には、家族が輪になって食事をしました。ところがテレビができると、食事中でもみんながテレビのほうを向くようになりました。その変化も問題でしたが、今度の変化はもっと深刻です。

先日あるレストランで、友だち同士と見える20歳ぐらいの男性ふたりが隣のテーブルで食事していました。ふたりはそれぞれに携帯電話の画面に夢中になっていて、会話はまったくありません。時々思い出したように顔を上げてひとことふたこと交わすと、また自分の画面に目を戻していました。こんな風景も、もはやふつうなのかもしれません。インターネットや携帯電話は、日本に「一億総おひとり様状態」を作り出しつつあるのです。

　ほかにもインターネットが引き起こしている問題は山ほどあります。犯罪やいじめの温床（おんしょう）となっていること。求人サイトや出会い系サイトなどの悪用が多発していること。自殺サイトのような、負の心と心が結びつくサイトがあること。アダルトサイトなどの有害な情報を、子どもでも見るのが可能なこと。引きこもりを助長しかねないこと。数えあげたらきりがないほどです。

「悪魔の心」には規制が急務

　これほどの問題が起きるのは、インターネットというツールが人間の心の闇（やみ）をまともにあぶり出すからです。インターネットはひとりきりで向き合うものなので、そこに「誰も見ていない」状況が生まれます。ほんとうは「神は見ている」のですが、「目に見えないもの」を信じない現代人にそんな感性はありません。そこで「悪魔の心」が顔をのぞかせます。

　どんなサイトを見ようと誰にもばれない。匿名（とくめい）だから何を書こうと平気。自分と同じ心を持った仲間だっていっぱいいる。そこで力を得た「悪魔の心」が、放縦（ほうじゅう）の限りを尽（つ）くさないとも限りません。

これほど危険きわまりないインターネットを、私はビジネスでの用途以外には廃止すべきだとまで考えています。基本的に家庭で使うものではないのです。まして子どもには必要ありません。「情報化社会だから、大人になってから困らないように子どものうちからふれさせたほうがいい」と言う人たちは、インターネットの弊害の大きさをわかっていないのです。情報は豊富に得られるかもしれませんが、受けとる側の心の成熟が伴わないとどんなに怖(おそ)ろしいことになるかという危機感が、国にも教育界にも足りないのです。

　第一、問題がこれほど続出しているのに、国による規制の具体的な動きがいまだにないのはどういうことでしょう。学者や文化人もインターネットの問題点を指摘するところ止まりで、改善策までは打ち出せていません。マスコミも規制を訴えるどころか、インターネットの情報を元ネタにすることさえある始末です。

　一人ひとりが「悪魔の心」を自制できれば、インターネットも害のない、純粋に有益な道具になるかもしれません。しかしそうした理想とはほど遠いいま、もっとも現実的な応急処置は、規制しかありません。匿名のサイトを禁ずる、利用者の年齢制限を厳しくする、悪質な情報を書き込んだ人の身元がすぐにわかるようにするなど、早急(さっきゅう)に具体的な規制を敷くべきです。「言論の自由」の見地から反対する人もいるでしょう。しかし、書くべきことを実名で堂々と書くことこそ、真の「言論の自由」であるはずです。

　「見えない神」を信じない現代人には、規制という「見える神」を作るしかないのです。情けないことですが、一人ひとりの「天使の心」をあてにしていたら、世の崩壊は加速するばかりでしょう。

「内観」を失ってしまった
日本人の不幸

　「悪魔の心」は誰でも持っていて、それは昔から変わらないと、第1章に書きました。昔といまの決定的な違いは、昔の人や昔の社会には、それでも自浄作用が働いていたということです。人間の本質を承知していて、そのうえで「悪魔の心」をあるていど自制できていたのです。

　それを可能にしていたのは、ひとえに「内観」の習慣です。昔の日本人は自分自身を謙虚に見つめる「内観の達人」でした。

　書籍がまだ一般に広まっていなかったときには、先祖から伝承された故事やことわざが内観の友でした。たとえば「人のふり見てわがふり直せ」という言葉は、「目に映る他人の姿はあなた自身の鏡です」という「波長の法則」を表しています。「天につばする」は、「人を害すれば結局自分に返ってくる」という「カルマの法則」です。「国破れて山河あり」は、大きな何かを失っても、感謝すべき幸せは、まだまわりに山ほどあることを教えています。こうした智恵のこもった短い言葉を内観に役立てていたのです。

　また、華道、茶道、柔道、剣道といったさまざまな「道」も、内観の友でした。これらは単にお茶を飲んだり、花を生けたり、とっくみ合って戦うだけのものではありません。その行為を通して自分自身のありかたや人生哲学を深く見つめるためのものです。

　ところが物質主義的価値観に毒され、「目に見えないもの」を重んじなくなったいまの日本人は、自分の心さえないがしろにするよ

うになりました。当然、内観もほとんどしないでしょう。第一そのための時間的、精神的なゆとりがまるでありません。経済活動に忙殺され、自分を省みるいとまがないのです。生活環境にも騒音が多すぎて、静かな空間や時間を持てません。たまに空白の時間ができても、自分と向き合うのが怖いのか、どうでもいいゲームや急ぐわけでもないメールのやりとりで時間をつぶしています。

　メールが人生の貴重な時間をどれほどつぶしているか、自覚している人はどれくらいいるでしょう。大事な通信は別ですが、だいたいは単にメールをくれた相手の気分を損ねまいと、テニスの壁打ちのように素早く返信しているだけのように見受けられます。お互いにそうだとしたら、何と無意味なことでしょうか。

内観の習慣を呼び戻そう

　内観しなくなったことによって、打たれ弱くなった人々が増えたように感じます。人間はいつも何かにせきたてられていると、自分のなかに生きるための智恵を蓄積できません。ふだんから何かあるたび内観し、智恵を身につけていれば、くじけそうなことが起きても自らで原因を分析し立ち直れるのですが、現代人はその智恵を蓄積できないまま、ささいな失敗で「もうだめだ」と自滅しがちです。

　第1章に書いた「えせ評論家」の増加も日本人が内観を失った結果ではないでしょうか。いまの日本は「一億総評論家」状態と言えるほどです。内観しなくなった人間には、他人のアラばかり目につくのでしょう。そのアラは、実はすべて自分の「鏡」なのですが、それに気づかない彼らは、もっともらしい批評をして他人を貶め

す。その多くはテストの点数でしか評価されずに育った世代です。自分の個性を見てもらえなかった寂しさが、人の足を引っ張ることで自分の価値を高めたいという歪んだ心情を生んでいるのでしょう。「モンスター・ペアレント」も、内観を失った日本に現れた親たちです。彼らは自分の過ちに気づきません。しかし相手のミスはしつこくとがめる理不尽なクレーマーです。彼らも物質主義的価値観に染まって育ち、「言った者勝ち」という慎みのなさと、お金を払いさえすれば立場は上という「お客様根性」で生きています。

　そんないまの世の中は、まるで停電になった都会の道路のような、完全なる混乱状態です。みんなが好き勝手な方向に進み、それを規制する信号機がない。あちらこちらで事故だらけ、傷つく人だらけなのは当然なのです。

　私は、内観の習慣をぜひいまの日本に呼び戻すべきだと考えます。ひとつの具体案として、学校教育や、会社の自己啓発プログラムなどに、華道や茶道をとり入れてはどうかと思うのです。

　ふつうに暮らしていれば忙殺されるだけの毎日です。だからこそ学校や会社が、生徒や社員に自分と向き合う時間を提供してはいかがでしょうか。生けた花には一人ひとりの個性や、いまの心の状態が表れます。毎回生ける花の変化を見つめることで、成長の軌跡もたどれます。一人ひとりの成長は、クラスや職場にとってももちろんいいことです。ただでさえ生きた花のオーラや水にふれることは癒しにもなります。

　失われたものをとり戻すには、やはり「温故知新」が近道です。昔の日本には、いまの日本を救うヒントがたくさんあるのです。

霊的価値観こそが
社会を浄化させる

　私はこれまでも、物質主義的価値観や、人霊の低級自然霊化への警鐘を鳴らし続けてきました。はじめにそれを書いた著書は13年前の『自分のための「霊学」のすすめ』（現『人はなぜ生まれいかに生きるのか』ハート出版）です。数年前には、さらに『子どもが危ない！』と『いのちが危ない！』（集英社）を立て続けに緊急出版しました。しかし世の中はよくなるどころか悪くなる一方です。

　そのことに対し、「江原さん、いったい何をしているんですか？」、「日本は何も変わっていないじゃないですか」と言う人たちがいます。「江原さんが早く世の中を救うのを陰ながら応援しています」といった「期待」のお手紙もいただきます。

　誤解しないでほしいのです。私ひとりで世の中を変えられるはずはありません。私にできるのは、ひとりのスピリチュアル・カウンセラーとして、全身全霊で霊的真理を伝えることだけ。声を大にして、いまの世を立て直すための提言をするだけ。結局一人ひとりが立ち上がらなければ何も変わらないのです。「一人ひとりが主人公。救世主はあなた自身です」と著書にも書いています。

　「江原さん、何をしているんですか？」と言う人たちは、依存症の「モンスター」です。一方的に期待を寄せる人たちも、誰かが世の中を変えてくれるのを待っているだけの「お客様」です。

　私はみなさんに大我の心を持っていただきたいのです。自分から何かをしようと発想し、実際に行動していただきたいのです。

「自分とは何か」を知るために

 01年に『幸運を引きよせるスピリチュアル・ブック』を刊行しましたが、その頃を境に「スピリチュアル・ブーム」と言われ始めたように思います。それから10年近くもたつでしょうか。もはやブームと言うより、定着したと見ていいころかもしれません。
 世間では私がブームの立役者（たてやくしゃ）と見られているようですが、ブームのもとで行われているすべてに責任を持てないことは、明言しておきたいところです。たとえば前世や守護霊、オーラの色を知ることが興味の対象になりがちのようですが、それ自体にはあまり意味がないと、私はテレビや著書でもはっきりと伝えています。
 ここではそういう内容の是非（ぜひ）は別として、なぜいま「スピリチュアル・ブーム」なのかについて、私の考えを述べましょう。
 いまの若い人たちが、なぜスピリチュアルなものに惹（ひ）かれているのか。その大きな理由は、彼らがテストの点数だけで価値を決められ、自分の個性とは何かを知る機会もなく育ってきたからだと私は思います。生きるとは何か、幸せとは何かも教えられていません。教えられてきたのは、物質的な「勝ち組」になるための知識やハウツーばかり。そんな彼らもたましいを持った人間です。自分とは何か、何のために生きているのか、どう生きたらいいのか知りたいのです。
 わからないままだと、本格的な心の病（やまい）にはならないまでも、漢方で言う「未病」（みびょう）のような状態になり、生きるエネルギーが湧（わ）きません。これといった不満はなくても、いつも憂（ゆう）うつ。信じるべき大人

はまわりにいない。政治も宗教も信用できない。そんな迷子の彼らも「スピリチュアル」には希望を感じ、それをよりどころに必死に「自分とは何か」を知ろうとしているのです。それは、生まれる前には知っていたこの人生の目的を、たましいが必死で思いだそうとしている姿でもあります。

とはいえなにせ「インスタント脳」世代です。前世やオーラの色を知るだけで自分の人生の意味がたちどころにわかると勘違いする人たちもいます。それでも「自分を知りたい」という切なる思いは、彼らの世代の生い立ちからは充分理解できるのです。

スピリチュアルなものに走る人たちは依存症だという批判もよく聞かれます。それを私とて全否定はできません。しかし「愛の電池」が枯渇しきった世代のこと。親さえ聞いてくれなかった自分のありのままの気持ちを、カウンセラーなりヒーラーなりが親身になって聞いてくれるのですから、そこで癒されたいと願うのは無理もないでしょう。そういう心寂しい迷子たちを作り出したのはこの社会、特に団塊の世代以上の人たちなのに、「依存症」と切り捨てるのは、あまりにも愛に欠ける態度ではないでしょうか。

はじめは依存心からでも、しかたないのです。それでも「スピリチュアル」に関心を持った人たちに「一人ひとりが主人公」と説くことで、依存心を自立心に変えてもらう。そして真の幸せを見つけてもらう。それが私の仕事だと思っています。

「スピリチュアリズム」への誤解

「スピリチュアル・ブーム」批判のなかに、「スピリチュアルには

まる人たちは、それによって負け組である自分を正当化させている」という言葉もありました。これも私は違うと思います。

　世の中は一見、理不尽なこと、不公平なことだらけです。何のために自分はこういう目に遭うのか。なぜ、ずるい人間がトクするのか。なぜ恵まれた人生と、苦労ばかりの人生があるのか。どこを向いてもまともな感性では納得しがたいことばかりです。

　この不条理を許せず、社会に反抗して非行に走る人たちもいます。しかし「スピリチュアル」に希望を見いだした人たちは、不条理のほんとうの意味を霊的真理に照らして見つめ、自分を納得させているのです。私が語る「スピリチュアリズム」は、観念的で浮世離れしたそれではなく、実生活に根づいた非常に具体的な内容です。それを手引きにしつつ、彼らは「腑に落ちない」ことを「腑に落として」いる。別の言い方をすれば、自分に理不尽な思いをさせた相手を許し、社会を許し、心を自力で浄化させているのです。

「聖フランチェスコの祈り」の言葉を借りれば、それは「理解されるよりも理解することを求める」、尊い心だと私は思います。

「スピリチュアル」をいたずらに批判する人たちが、私のことを「教祖」と揶揄することもあります。しかしスピリチュアリズムに教祖は必要ありません。強いて言うなら、私は霊的真理にみなさんより一足早く目覚めた「先輩」だというだけです。未熟ながらも先輩として、「ものより心が大事」とただ伝えたいのです。物質主義的価値観の間違いに気づき、霊的価値観、言葉を換えれば心を大切にする生きかた、目に見えないものへの敬いの大切さを再認識してほしい。それに尽きるのです。

ピンチこそチャンス

「傷つく」という本書のテーマは、現世的な視点で見れば「不幸」なことでしょう。しかし第1章の最後に書いたように、傷つくことは、実は幸いなことです。「ほんとうの幸せ」へ続く道の大事な入口のひとつだからです。病気や失業、事故や身近な人の死なども、一見「不幸」のようですが、やはり「ほんとうの幸せ」に続く道の入口となる、ありがたい試練なのです。

ただしその道の先にある幸せを、本人が信じなければなりません。モノやお金に恵まれた人生、平穏無事な人生が幸せだという物質主義的価値観を脱却し、「経験と感動を味わい、そのなかで成長するために生きているのだから、傷つくことや、試練に遭うことにこそ感謝しよう」という霊的価値観に切り替えなければなりません。

物質主義的価値観に慣れきって生きていると、この発想の転換はなかなかできません。人間は元来「ラク」が大好きな怠け者なので、よほどのことがないと、心の傷や試練に感謝などできないのです。

しかし、半端でない心の傷や、絶体絶命の大試練に遭うことは、私たちにとってその「よほどのこと」に該当する大ショックです。だからこそ、発想を転換させる原動力になりえます。真実の生きかたに切り替える、またとないチャンスになるのです。

もっと言うと、私たち人霊の精神性にいま起きている空前絶後の大ピンチは、まさしく「よほどのこと」です。この末期的な状態をチャンスとして世直しを始めるか、このまま自滅していくのか。すべては今日の私たちしだいです。

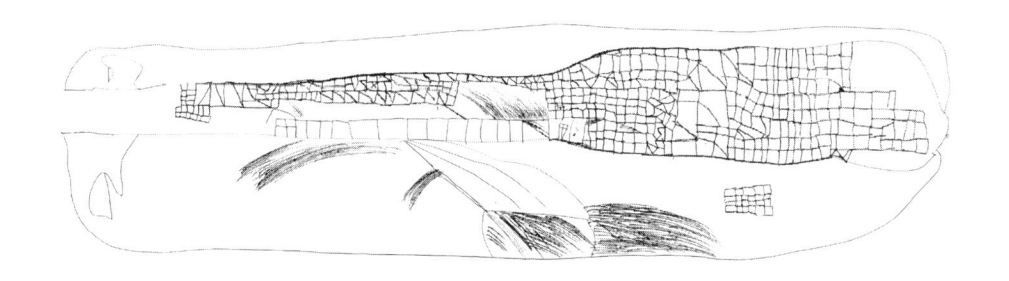

本書は書き下ろしです。

装丁
妹尾浩也 iwor
写真
疋田千里、御堂義乗(帯ポートレート)
協力
金子光史、学習研究社、アートの里伊豆高原絵本の家

本書内に使用した絵は『アートびっくり箱　障がいのある子どもの絵画指導』(学研のヒューマンケアブックス・金子光史著・学習研究社刊)に掲載された作品、並びに金子光史氏の協力を得て提供いただいた作品の中から選んだものです。

傷ついたあなた

今、日本人の心は崩壊(ほうかい)しつつあります。

そして、このままではこの国は滅びかねません。

私たちが生きかたを根底から変えない限り、

遠くない将来に戦争も起こるかもしれません。

仮に外国との戦争が起こらずにすんでも、

人々の心の中では毎日

戦争が起こるでしょう。

他人を憎んだり傷つけたりしても

平気だと感じるような人が増えるかもしれません。

だからできること

この深い闇(やみ)を抜け出せるかどうかは、

ほかでもないあなた自身にかかっています。

あなたが大我(たいが)に目覚めずして、

世の中は絶対に変わりません。

あなたが心に受けた傷を、

大我の生きかたに目覚めるための

第一歩として生かしてください。

それこそが、あなたのたましいが喜ぶ

ほんとうの生きかたなのです。

江原啓之(えはら・ひろゆき)
1964年東京生まれ。スピリチュアル・カウンセラー。オペラ歌手。1989年にスピリチュアリズム研究所を設立。英国で学んだスピリチュアリズムを取り入れ、カウンセリングを開始(現在休止中)。音楽の分野でも才能を発揮し、2008年にはバリトン歌手としてオペラデビューも。主な著書に『愛のスピリチュアル・バイブル』『子どもが危ない！　スピリチュアル・カウンセラーからの警鐘』『いのちが危ない！　スピリチュアル・カウンセラーからの提言』『天国への手紙』、DVD『江原啓之のスピリチュアルバイブル』シリーズ全4巻など多数。
江原啓之公式サイト http://www.ehara-hiroyuki.com
江原啓之携帯サイト http://ehara.tv/
現在、個人カウンセリングおよび手紙やお電話での相談はお受けしておりません。

傷つくあなたへ

2008年9月30日　第1刷発行

著　者　江原啓之
発行者　加藤　潤
発行所　株式会社　集英社
　　　　東京都千代田区一ツ橋2-5-10　〒101-8050
　　　　電話　03-3230-6100(編集部)
　　　　　　　03-3230-6393(販売部)
　　　　　　　03-3230-6080(読者係)
印刷所　凸版印刷株式会社
製本所　ナショナル製本協同組合

©2008 Hiroyuki Ehara, Printed in Japan
ISBN978-4-08-771262-9 C0095　定価はカバーに表示してあります。

造本には十分注意しておりますが、乱丁・落丁(本のページ順序の間違いや抜け落ち)の場合はお取り替え致します。購入された書店名を明記して小社読者係宛にお送り下さい。送料は小社負担でお取り替え致します。但し、古書店で購入したものについてはお取り替え出来ません。本書の一部あるいは全部を無断で複写・複製することは、法律で認められた場合を除き、著作権の侵害となります。